京都迎賓館

現代和風と京の匠の調和《ハーモニー》

監　修／迎賓館京都事務所
制作協力／京都文化交流コンベンションビューロー

淡交社

目次

KYOTO STATE GUEST HOUSE

京都迎賓館

現代和風と京の匠の調和《ハーモニー》

撮影　杉本 幸輔

編集協力　ウーム総合企画事務所 ―石橋 郁子

デザイン　―髙橋 真一郎

061 伝統技としつらえ

115 京のもてなし、その伝統をいまに

126 設計・施工・工事関係一覧

130 京都迎賓館アクセス

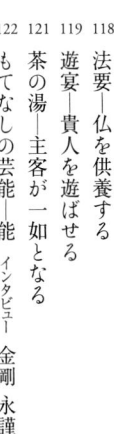

ご挨拶

内閣府迎賓館長　安藤昌弘

平成十七年十一月、京都迎賓館に滞在されたブッシュ米国大統領夫妻は、京都迎賓館の素晴しさに感激され、「ここに滞在出来た事を光栄に思います。」と述べられました。また、同大統領と小泉総理との日米首脳会談、共同記者会見も京都迎賓館で行われ、その模様が全世界に発信されました。

京都に和風迎賓館を建設するよう政府に要請があったのは、平成二年七月のことです。京都府知事、京都市長、京都商工会議所会頭の連名で、平安建都千二百年記念事業の一環として申し入れられました。その後、平成六年十月の閣議で建設が決定され、場所は京都御苑内饗宴場跡地とされたのです。正に、京都の中心である御苑内ですから、周辺の環境にも十分配慮し、公園内の希少動植物調査や、埋蔵文化財調査等を慎重に行うとともに、敷地内の樹木も、可能な限り残して建設する事にしました。

また、京都迎賓館の外周は、京都御所に隣接することから、「築地塀」の形式を踏襲した塀を巡らし、建物の高さも御所より低くなるように平屋建として、緩やかな勾配を備えた「むくり屋根」にする等、周辺との調和を十分図っています。

更に、この京都迎賓館の建設工事には数寄屋大工、左官、建具、截金等の伝統技術と、調度品の製作に、蒔絵・螺鈿、西陣織等の伝統技能が、様々なところで活用されています。そして、それらの伝統技能の背後に、今日の最先端の各種ハイテク技術が用いられ、両者のコラボレーションによる見事な仕上がりとなっています。去る四月滞在された欧州連合のバローゾ委員長は、「これこそ、日本の強さである現代技術と伝統文化の融合の見本であり、欧州も見習いたい」と語っていました。

昨年四月の開館以来、各国大統領や国会議長等の接遇や、地元京都の行事等で、この六月まで既に十四回使用されています。今後、ますます京都から世界に発信する場として活用されるよう、運用に当たりたいと思います。

平成十八年六月

はじめに

中村昌生

京都迎賓館は、日本人のもてなし方で国公賓を接遇するために、国家によってはじめて建設された施設である。脱文明開化を内外に宣言する象徴的な施設であると言っても過言ではあるまい。

そして敷地はこの施設に最もふさわしい京都御苑内、御所と並ぶ２ヘクタールの地に定められた。建築は、和風とはいえ歴史的様式でなく「現代和風の態様」を基調とすることになった。「現代和風」は、たんなる和風の近代化ではなく、１２００年にわたり京都に営み続けられてきた日本建築の伝統の粋を、現代と融合させる努力を通じて、創出しうる世界なのである。そしてそこでは庭（自然）と建物が一体化された「庭《てい》屋《おく》一《いち》如《にょ》」の空間が展開されなければならない。大小高低のある建物を、威圧感のない穏やかな佇まいに内外を整え、外国人に日本らしさを伝えるためには、構造的にも造形的にも精緻な創意工夫が設計者に要請され

現場視察する中村昌生氏（写真中央）

た。同時にまた京都に息づく匠たち（大工、左官、経師、塗師、建具師、庭師など）の技を活用しなければならなかった。

日本の生活文化を支える室礼《しつらい》はもてなしにも当然欠かせない。室内装飾や家具・調度品にも、漆芸、蒔絵、截金、金工、染織など、多岐にわたる領域の匠たちの伝統的技能が鏤《ちりば》められたのである。豊かな技能を保持する匠たちも、この画期的な施設の仕事に参加して新たな工夫を傾注しなければならないことが多かったという。迎賓館の建設は伝統技能に現代的な創造の刺激を与えたのである。

庭の風景が諸室から眺める人の心を常に打つためには、完成後も不断に手入れと育成を怠るべきではない。それは建物も家具・調度においても同様である。そのためにこの仕事に精魂を傾けた匠たちは「迎賓館を見守る会」を結成した。京都迎賓館の建設が、伝統を担いつつ創造に取組む匠たちの結束と情熱を高めたことは否めない。

まことに京都迎賓館は、現代和風の創出にかけた技術者や匠たちの意欲の輝かしい結晶である。それは京都の歴史的文化的風土の生んだ平成

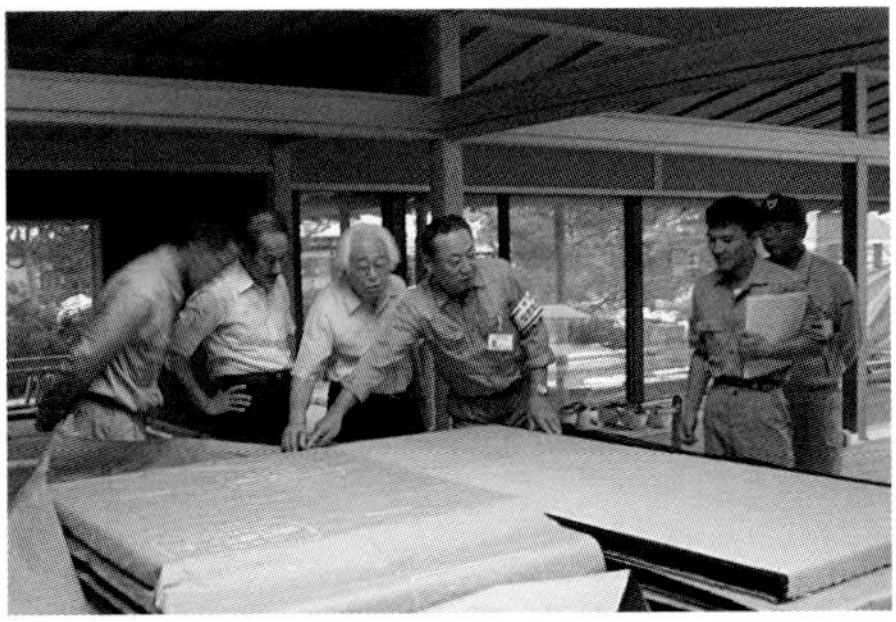

の名建築である。ここに宿泊した賓客が、しみじみ日本らしさを実感して欲しいというのが、建設に携わった人たちのすべての希いであった。

もてなしは文化であるといわれる。国賓をもてなす京都迎賓館から日本文化が海外に発信されるのである。本書によって、このような迎賓館の画期的な意義と現代和風の真価が多くの人に伝えられることを期待している。

なかむら まさお
京都迎賓館伝統的技能活用委員会 委員長　京都工芸繊維大学名誉教授

京都迎賓館

KYOTO STATE GUEST HOUSE

次代へ。
感性と美の規範として。

京都迎賓館は
自国のカタチ、自国のスタイルで
諸外国の賓客をもてなす館。
日本人の誇りと夢を託して建設された
「庭屋一如」の空間。
人と人、国と国、人と自然
そして現代と未来が融合し
一如となるための
和のもてなし文化の精華です。

正面玄関（車寄）を望む。
礼の心を表し、白砂を思わせる真の庭。

右頁／車寄。吉野杉の舟底天井。白木の清々しさが木の国・日本のもてなしの心を伝える。扉は樹齢700年の福井産の欅（けやき）の一枚板。
上／正面玄関。吉野杉の天井・欅の床・漆喰壁、そして明障子。日本のもてなしの心を簡潔な形で表現した玄関。

正面玄関前回廊。庭に面する明障子によって柔らかくなった光が回廊に
心地よい陰翳（いんえい）を作る。左奥の几帳は喜多川俵二（人間国宝）、
白磁花器は伊東慶、行灯デザインは川上喜三郎各氏の作品。京都いけばな
協会の協力で白磁花器に花が生けられ、もてなしの心を表す。

聚楽の間《じゅらくのま》（ロビー溜り）

待合となる「聚楽の間」には、早川尚古斎（人間国宝）氏の竹花器や伊砂利彦氏の型絵染の屏風が迎える。椅子ファブリックは西陣織。釘隠には結びのデザインが施され、友好の心をさりげなく伝える。

水明の間《すいめいのま》（会談室）

首脳会談が行われる「水明の間」は、大池に張り出した開放的な空間。水明の名の通り、天井を舟底とし、椅子のファブリック（布地）は立涌（たちわき）文の中に波文を織り込んだ西陣織。床は青海波（せいがいは）文の段通で、文様に沿ってランダムに刈り込みを入れることにより、床面に光と影による波文を表出させた。「悠久のささやき」と題した飾り台には蒔絵が描かれるなど水をテーマとしたデザインで統一される。「君子の交わりは淡きこと水の如し」の意をさりげなく伝えているようである。

右頁／京指物の技を駆使したオブジェは光ファイバーの照明を部屋全体に散らし、和紙を通したやわらかな光が室内を照らす。フレームは吉野杉、紙は美濃和紙、行灯のイメージを残しつつ未来的なフォルムでもある。
上・右／オブジェの中心に描かれている琵琶や笙（しょう）は、雅楽の「青海波（せいがいは）」をモチーフにしたもの。心憎いもてなしである。
左／「水明の間」と次の間を仕切る襖は絹張で梅、桜、楓、椿の四季を表す京繍（ぬい）が施され、光を受けて文様が浮かぶ様が美しい。

夕映の間《ゆうばえのま》（大会議室）

「夕映の間」にある東西の可動式壁面には「比叡月映」「愛宕夕照」と題した綴織の装飾が施され、京都を守る山の日月の風景を表現している。天井に仕組まれたライトは夜空の星や蛍のように煌めくなど、使用目的や時間にあわせた光の演出によるもてなしができる調光システムとなっている。

藤の間《ふじのま》（晩餐室）

「藤の間」の光天井は、京指物の技を駆使した杉と美濃紙の行灯風。メンテナンス用の昇降機能を利用して、15のパターンに変化する。几帳の刺繍、襖・椅子のファブリック、床の段通は藤がテーマ。舞台を仕切る6枚の檜扉には截金（きりかね）が施され、温かい光彩を放つ。

「藤の間」の幅16.6メートル、高さ3.1メートルの綴織の壁面装飾「麗花」は、鹿見喜陌（きよみち）画伯の原画で、39種の草花が織り込まれている。床の段通には、「麗花」の花びらが舞い散ったように、藤の花びらが散りばめられている。

廊橋より和会食棟をのぞむ。新潟県長岡市（旧山古志村）から来た錦鯉の遊泳の様子は日本画のように美しい。また、木々の中から見え隠れする緩やかな屋根は純和風の瓦に見えるが、ニッケルとステンレスの複合素材。新しい和風建築の画期的な試みでもある。

右頁／露地。床は信楽の土で焼いた陶板、壁は京さび土壁、天井は杉の舟底天井。暗やみの通路が、非日常空間への心の準備を演出する。
上／和会食棟玄関。框や沓脱石も低く設計されている。沓脱石は目の錯覚で中心が窪んで見えることを防ぐために微かに膨らみのある蒲鉾型。
下／露地側円窓より立礼席「琵琶の間」を望む。

琵琶の間《びわのま》（立礼室）

立礼（りゅうれい）式茶室となる「琵琶の間」。待合としても使用する。天井の網代は棟梁自ら編んだという力作である。立礼棚の左奥が水屋となっている。

「桐の間」に隣接する次の間から庭を望む。芝生の前庭は
野点(のだて)などに利用され、自然に池へとつながる。

寄付前の庭の雪景色。ドウダンツツジの植込から伸びる木は枝垂桜。春は桜、夏は水の景が賓客をもてなす。

桐の間《きりのま》（大広間）

右／56畳の「桐の間」は、賓客を日本のスタイルでもてなす空間。四間の大床や長さ12メートルの杉の一枚板天井は、数寄屋大工の技の結晶である。12メートルの座卓は、鏡のような光沢をもつ漆の一枚仕上。座椅子も漆塗で、背には政府の紋章である五七の桐が蒔絵で描かれている。外国人賓客の為、座卓下は掘炬燵（ほりごたつ）式になっている。
下／「桐の間」の欄間（らんま）は桐柾板に截金が施され、釘隠も桐の意匠で統一されている。

「桐の間」から雪の前庭を望む。庭の雪景色が漆の大座卓に映り込み、内と外が一体となる。まさに「庭屋一如」の空間。

上／「桐の間」から前庭を望む。三本の石柱は鴨川の橋の欄干を再利用したもの。水平に伸びる石は塩田堰の軸受石。材のリサイクルは和の「見立て」の精神。
左頁／深い土庇の桁（けた）は、16メートルの北山丸太。庇（ひさし）裏の木組が美しい。塩田の軸受石の穴が、丸太柱を受ける。

滝の間《たきのま》（広間）

「滝の間」より大滝の庭を望む。石は瀬戸内の犬島、白石島の花崗岩。現地での仮組を経て、京都に運ばれた。

和のしつらえで多目的に使用する「滝の間」。北山丸太の床柱や溜塗の床框、出書院と書院欄間の透かし彫り、京さび土壁、中継表の畳、明障子、中杢（なかもく）の棹縁（さおぶち）天井など、数寄屋造の粋を尽くした空間。座卓は昇降式で、畳を敷きフラットにもなる。

「滝の間」より望む庭の雪景色。石は瀬戸内の犬島、白石島、小豆島、庵治（あじ）産の巨岩。伝統的な石組には見られないダイナミックな構成で、石と石の「間」「抜け」「風の道」などを表している。滝が落ちる主石は47トンある。

右頁／廊橋。橋の袂（たもと）より白木の舟底天井を仰ぐ。床は小豆島産の花崗岩、欄干は栗の木。
上／芝生の庭より廊橋を望む。
下／廊橋天井の四隅に施された透かし彫り。右上から時計回りに蝶、鈴虫、蜻蛉（トンボ）、蟋蟀（コオロギ）。欄間職人、田渕秀雄氏の作品である。

上／芝生の庭から「水明の間」を望む。二本の石柱は舟着きの結界。芝生の庭は、記念撮影や野点、鯉の餌やりにも利用される。
左頁／舟泊まりの和舟。池の浅さを考慮してこの舟は舟底の平らな平底。人と水との関わりをテーマとしたこの庭園の重要なランドマークでもある。

京都迎賓館の四季

春

夏

秋

冬

桜ほころび、微笑むような春。
夏は、水面をわたる風が自然と人の気を清め
錦秋の彩りが美しい日本の季節を伝える。
四季のめぐりの、その美と意味に
深く想いを馳せるのは庭屋が雪で融けあう冬。
もてなしは、京都迎賓館の春夏秋冬。

夏。回廊の庭を望む。廊橋脇にあるネビキグサ（イグサの一種）は
水田をイメージしたもの。流水による波紋が水面をかざる。

「桐の間」の前庭のドウダンツツジの葉が秋には
真っ赤に紅葉し、庭に華やぎを添える。

芝生の庭の雪化粧。豊かに清水を湛えた大池を木々や
屋根に積もった白雪が囲む。静寂と清新の気が漂う。

「藤の間」夜景。綴織の壁面装飾も鏡のような
水面に映り込み、宴を華麗に演出する。

PHOTOGRAPH BY KAZUO NATORI ©

伝統技としつらえ

千年の都・京都には、千載《せんざい》不磨《ふま》の
たしかな技と美意識が蓄積されています。
その技と美が見事に開花した京都迎賓館。
建築や庭園、しつらいなど、物の出来栄えはもとより
ものづくりに勤《いそ》しんだ匠たちの智恵や心意気
そして、ここに心寄せ合った数多《あまた》の人々の催合《もやい》精神もまた
世界に発信し、次代に伝え残したい日本が誇る美しい文化です。

数寄屋大工《すきやだいく》

上／「滝の間」の北山丸太の床柱。書院風の「桐の間」に対し、床や壁も数寄屋造の粋を凝らした。
下／「桐の間」や「滝の間」など和会食棟に巡らされた軒深い土庇は、数寄屋大工の腕の見せ所。庇を支える北山丸太の桁は16メートルもあり、数寄屋大工にとっては大きなスケールへの挑戦でもあった。木組みの簡潔さが美しい。
左頁／「滝の間」の出書院。桐の書院欄間に扇面の透かし彫りが施されている。天井から吊されている鉦（かね）は、茶事の後入りの合図に用いられる。

数寄屋大工

棟梁たちの意地と創意

静岡市駿府公園茶室／安井杢工務店

数寄屋造の粋を集めた和会食棟と主賓室棟。大広間を担当した斎藤光義氏（安井杢工務店）、同天井を受け持った山本隆章氏（山本興業）、主賓座敷と随員宿泊棟の升田志郎氏（中村外二工務店）の三人の棟梁が陣頭に立った。いずれも数寄屋の名工。鉄筋コンクリート造のビル内に茶室を建てるなどの豊富な経験もあり、工法への戸惑いはなかったが、匠たちを悩ませたのはそのスケール。例えば、大広間の竿縁天井は1枚が12メートル×50センチの一枚板を張るプランであった。鴨居や敷居の長さも通常の木造建築のモジュールを上回る8メートルという長さ。土庇には16メートルの北山丸太を入れるなど、大きな寸法との闘いであった。これらの材木を確保するため、棟梁たちも東奔西走した。また、一気に削ることで美しく仕上がる鉋《かんな》がけも、12メートルもあれば途中で息切れするなど、思いもかけない苦労に直面したが、匠たちはその意地にかけて工夫を凝らし、もてる技、知恵、知識を総動員して材とプランを生かし切った。

材と技の工夫で実現した 平成の大数寄屋

SUKIYA

山本 隆章《やまもと たかあき》

山本興業代表取締役　棟梁

１９３４年京都府生まれ。１９５１年三重県立上野公共職業補導所建築学科卒業。見習修行の後、１９６５年山本興業創立。１９９９年「現代の名工」労働大臣表彰。主な作品は大徳寺黄梅院茶室「向春庵」、フランス国立ギメ東洋美術館茶室「虚白」、大徳寺唐門保存修復工事など多数。

斎藤 光義《さいとう みつぎ》

安井杢工務店数寄屋棟梁

１９５１年京都府生まれ。１９７２年京都府立京都専修職業訓練校卒業。１９７３年から安井杢工務店にて修行。１９８５年より同社棟梁。主な作品は宇治市営茶室「対鳳庵」「長野県中央工業学校茶室」「静岡県駿府公園茶室」等。

升田 志郎《ますだ しろう》

中村外二工務店数寄屋棟梁

１９５１年京都府生まれ。１９６７年中村外二棟梁に弟子入り。１９８８年中村外二工務店の棟梁。主な作品は、「中里太郎右衛門邸茶室」「小松市茶室」「富山県水墨美術館茶室」「俵屋旅館」の改修等。

名古屋個人住宅／中村外二工務店

愛知万博公園茶室／山本興業

左官《さかん》

現場から出土した京さび土で仕上げた床と床脇の壁。曲線の開口部は、小手先ではできない熟練技が要求される。コンクリート造の為、両面から壁を塗ることができず、左官の匠たちはさまざまな工夫を凝らした。

京唐紙《きょうからかみ》

「桐の間」の床壁面には五七の桐紋の京唐紙が張られ、襖も桐。江戸時代からの板木を伝える「唐長」の作品。だが、この桐紋は新しく板木から起こしたもの。雲母（きら）の具引きに白紋の唐長の真骨頂ともいうべき唐紙である。

片壁仕上げの難しさ

京都迎賓館を構成する大部分の壁は京さび土壁である。この壁土は工事に先立つ埋蔵文化財調査時に発見され、採取された。思いがけない恵みに三人の匠たちは喜々として土作りから始めた。3厘《リン》目の篩《ふるい》にかける「水透し」でどろ土を作って乾燥させ、それを崩して再度篩にかけて粉状にする。こうして出来上がった京さび土で左官工事が始まった。朝日誠氏（卯田建設）と松浦侃氏（松浦組）は和会食棟、佐藤ひろゆき氏（佐藤左官工業所）は主賓室棟を担当。「こんな土には2度と出合えへん」と3人は絶賛し、土を撫《な》でるように壁を塗った。しかし、ネックは鉄筋コンクリート造。竹小舞への下塗りは内と外から塗り込んでこそバランスが保たれるが、外側がコンクリート壁の現場では内側だけの「片壁仕上げ」となる。この方法では反《そ》りや亀裂などのリスクが伴うため、壁が割れたり剥《は》がれたりしないよう貫板《ぬきいた》に寒冷紗《かんれいしゃ》を貼り、板壁に「長髭《ながひげ》子《こ》」を打つなどして壁と柱の間に隙間ができないようにした。また、丸柱には「髭子」を、角柱には「布連《のれん》」を打つなどこれまでの左官技術を駆使して細心の注意を払った。「こののち、何世紀も息づいてくれ」と匠たちは祈る思いだという。

現場から出土した京さび土。京さび土壁となってこののち、息づいてくれ

SAKAN

朝日 誠　あさひ まこと
卯田建設左官工
1951年兵庫県生まれ。19歳から卯田建設で修行。京都迎賓館建設中に代表の卯田幸次さんが急逝し、卯田建設が廃業したため、松浦組に所属。1973年大宮御殿保存修理、1998年、桂離宮茶室「松琴亭」など保存修理。2003年京都御所新車寄等整備保存修理など。

佐藤 ひろゆき　さとう ひろゆき
佐藤左官工業所代表　4代目
1951年京都府生まれ。江戸末期から左官業を営む同社に入り、高校卒業後から修行の傍ら立命館大学二部理工学部卒業。38年のキャリアをもつ数寄屋土壁の左官職として活躍。

松浦 侃　まつうら つよし
松浦組代表取締役
1944年生まれ。中学卒業から左官職の修行をし、25歳で独立。卯田建設の卯田幸次氏と知己を得る。

京唐紙

唐紙が語る日本の美意識

唐紙は唐から伝来し、経典や和歌をしたためるための料紙であった歴史が長い。江戸時代以降は、襖《ふすま》に唐紙を張るようになり、今では「唐紙」は襖の代名詞ともなり、和風の住空間の重要な要素となった。

京都迎賓館には紙と布の襖があるが、「唐紙」の襖や床の壁を飾るのが唐長の唐紙。江戸時代から続く板木《はんぎ》も含め６００枚を使い、昔のままの手法で唐紙を摺《す》る日本唯一の唐紙師で、当主は十一代目で桂離宮や修学院離宮などの唐紙修復を手がけた匠。京都迎賓館では長男の聖二氏が腕を振るった。伝統と革新が融合した京都迎賓館には、次代を担う聖二氏がふさわしいと、当主が判断しての大仕事であった。

唐紙は、「桐の間」の襖と床壁。「滝の間」の襖に張られた。桐の間には白地に白の雲母《きら》で五七の桐、床壁は白の雲母地に白の五七の桐。白に白の雲母文様は唐長の真骨頂ともいうべき色使いで、目立たないが座敷に深い陰翳《いんえい》を作っている。一方、「滝の間」の唐紙は紅と白の2枚を重ねることで淡く深い薄紅が浮かびあがる七宝つなぎ文。十二単に見る「襲《かさね》の色目《いろめ》」の美を唐紙で表現した。

KYO-KARAKAMI

襖や壁に美しい 和の翳りを作る唐紙

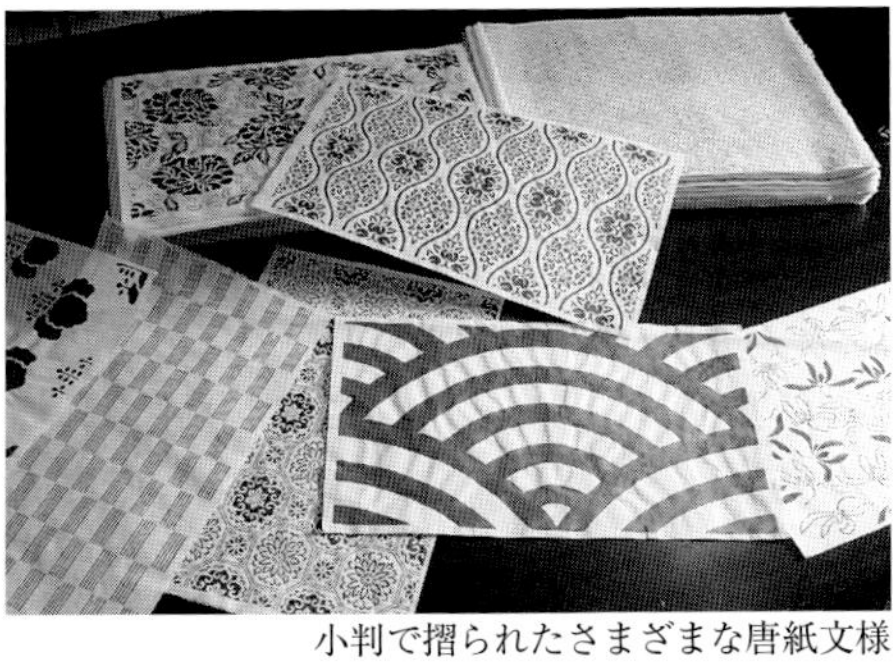

小判で摺られたさまざまな唐紙文様

千田 聖二 せんだ せいじ

１９７０年京都府生まれ。11代唐長当主、千田堅吉氏の長男。京都府立北陵高等学校卒業後、父、堅吉に師事し、唐紙製作に従事。

表具《ひょうぐ》

襖は座敷の雰囲気を左右する重要な要素。昔ながらの手法で摺られた小判の唐紙を一枚一枚歪（ゆが）まないように張っていくのも軸装も表具師の仕事。上は京表具師の誇りをかけて張った二枚張りの襖（滝の間）。

建具《たてぐ》

京都迎賓館には明障子が430枚ある。まさしく迎賓館の顔となった障子の簡潔な美。ただし、高さも幅も通常の和風建築のサイズを大きく上回る。しかも敷居が空調吹き出し口という難題に取り組んだ建具師の心意気が感じられる。

表具

いい注文をいただいた

京都迎賓館の襖を受け持ったのは松村泰山堂の松村匡利氏、岡墨光堂の岡岩太郎氏、宇佐美松鶴堂の宇佐美直秀氏。いずれも文化財修復などの経験豊富な表具師だが、京都迎賓館の仕事には2つの難題があった。

1つは空調吹き出し口が敷居の下にあること。常時敷居の下から風が吹いているという状況で、その上に木と紙で出来た襖や障子を嵌《は》めるとはどういうことか。乾燥し過ぎ、痩せてくるのは自明の理である。しかも通常の寸法より大きい上に下地は逆に薄い。歪《ゆが》みや反《そ》りへの不安があった。もう1つはスケールの大きさ。「桐の間」の床の間の大壁面には「五七桐」の唐紙が張り巡らされているが、唐長製作のこの唐紙、最小サイズの小判張りで、糊《のり》を付けると伸びる。襖なら誤差もさほどのことでもないが、文様を揃えて大壁面にぴたりと張り納めるのは難行に近い。しかし、3者は「いい注文をいただいた。技は、注文がなければ継承されないのですが、いい仕事を次代に残せた」と達成感に満ちて語る。

源平合戦図屏風　耕三寺博物館蔵（宇佐美松鶴堂）

空調吹き出し口でもある敷居に
どう襖を折り合わせるか

HYOUGU

松村 匡利 まつむら まさとし

松村泰山堂代表取締役（三代目）

1967年京都府生まれ。立命館大学文学部卒業。京都国立博物館に設置された「文化財保存修理所」に勤務し、文化財修復などの修業後、家業を継ぐ。

岡 岩太郎 おか いわたろう

岡墨光堂代表取締役社長（三代目）

1942年京都府生まれ。多摩美術大学日本画科卒業。1894年（明治27）に祖父が創業した家業を継ぎ、文化財の修復などを手がける。京都国立博物館に設置された「文化財保存修理所」内に工房を持つ。

宇佐美 直秀 うさみ なおひで

（株）宇佐美松鶴堂代表取締役

1958年京都府生まれ。仏教大学文学部卒業。天明年間（1781～88）に西本願寺前で初代が創業。西本願寺と全国の末寺のほか、一般の表装を手がける。京都国立博物館に設置された「文化財保存修理所」内に工房を持つ。

建具

見えないところで支える技

京都迎賓館には摺上《すりあげ》障子が４３０枚ある。大池の庭を取り囲むように「藤の間」や「桐の間」などの棟があり、池に面した回廊や部屋との境には摺上障子や漆塗障子が巡らされ、光を柔らげ、回廊を表情豊かな空間にしている。製作を受け持ったのはトクダと萩永建具店。当初、秋田杉が指定された障子の材を京都と気候が近い吉野杉にと提案したのは徳田敏昭氏（トクダ）。そのこだわりは6枚障子が3枚ずつ両端に開放された時、障子3枚の竪框《たてかまち》見《み》込面《こみめん》、つまり、縦框の切り口の木目が元の一本の木の姿を見せてつながる技や継ぎ目が見えない「栈敷ツバクロ」のホゾなど、見事な技を生かした。「シンプルであること、見えない所に技を駆使すること」これが京都の物づくりの理念と誇りだと徳田氏は語る。

そのほか、板戸２４０枚、竪格子戸17枚、欄間格子が15枚ある。「藤の間」などの欄間を製作したのは飯田昇氏（飯田建具店）。正面だけでなく側面にも柾目を、あるいは溝のない所に欄間板を嵌め込むなどの難題に眠られぬ夜もあったという。工夫を凝《こ》らした結果は一見見えないが、こうした陰の技こそ京ものの真骨頂。京都の顔であり、真価ではないだろうか。

明障子／飯田建具店

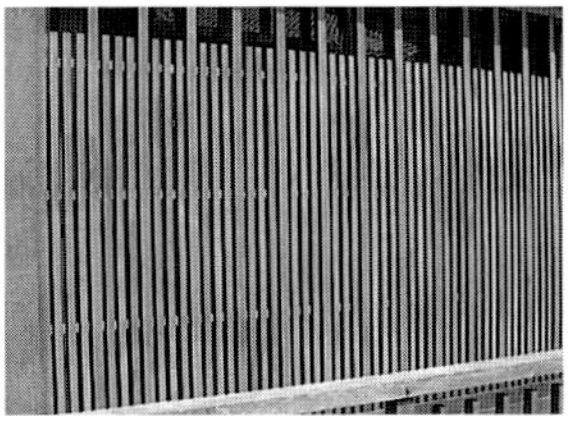
出格子／萩永建具店

TATEGU

回廊に巡らされた障子や竪格子や板戸は京都迎賓館の顔

徳田 敏昭　とくだ としあき
トクダ代表取締役
１９３３年京都府生まれ。１９５６年父の病気のため立命館大学工学部中退。同社は１９２６年創業。

萩永 富三　はぎなが とみぞう
萩永建具店（二代目）
１９３９年京都府生まれ。高校の建築科を卒業後、建築会社勤務。20歳で家業を継ぐ。同社は１９２５年創業。

飯田 昇　いいだ のぼる
飯田建具店当主
１９３１年福井県生まれ。16歳で福井県武生市の建具店に見習いとして修業。21歳で京都で仕事を始め、１９５８年、同社を設立。

茶室障子／トクダ

畳《たたみ》

「最高の畳を」という匠たちの思いは、藺草（いぐさ）の栽培から始まった。畳の中心の目５列の色が濃いのは密度が濃いから。「中継ぎ表」と呼ばれる手法で、２本の藺草を中心で継ぎ合わせる為である。この畳もまた、従来のスケールを上回り、「目乗り」（畳表の幅と目との関係）や「丸目」（畳の目が縁に隠れること）に苦労した。目に見えない苦労である。

漆《うるし》

上／「桐の間」の12メートルの黒漆の座卓。床框、障子框、座椅子にも漆が塗られている。
左／座椅子の背に施された五七の桐紋の蒔絵。一つ一つ微妙に色が異なる。

畳

一度途絶えた「中継表」を再現

京都迎賓館の畳はおよそ250枚。畳は床、莫蓙《ござ》、縁、そしてそれらを畳に仕上げる「付け仕事」からなる分業で出来上がる。今回京都迎賓館に関わった3人の畳師は、「付け仕事」を担う匠たちだが、藺草《いぐさ》の栽培や莫《ご》蓙《ざ》作りにもこだわり、藺草栽培には備後の畑まで指定した。莫蓙は一度途絶えた「中継ぎ表」の技法を再現した。これは藺草の穂先を莫蓙中央でつなぐもので、畳中央5目に薄く縦筋が入る伝統技法である。

嵯峨藤本畳店

京都迎賓館での苦労は、大工や左官と同じくそのスケールの大きさであった。従来の数寄屋建築とはモジュールが異なるため、座敷と廊下では畳の寸法が違う。座敷の畳すべてを「丸目」(畳の目が縁に隠れていること)にするため、思いがけない苦労があった。また、一見、黒に見える畳縁は本藍染。周知のとおり、本藍染は擦れると色が着く。色落ちを防ぐため、さまざまな工夫がされたものの、畳を座敷に敷く時、柱に藍を着けてしまうという失敗もあった。それを後できれいに拭き取ったのは大工たち。現場は、異業種の匠や職人たちの催合《もやい》精神で満ちていたという。

藺草の栽培から始まった迎賓館の畳

TATAMI

厚畳四方縁／沢辺畳店

髙室畳工業所

沢辺 勝次 さわべ かつじ
沢辺畳店代表
1942年石川県生まれ。15歳から京都の畳店で修業し、1967年沢辺畳店を創業。

髙室 節生 たかむろ せつお
髙室畳工業所代表（六代目）
1947年京都府生まれ。同社は1859年創業で代々表千家に出入りし、茶室の畳や数寄屋建築の畳を手がける。

藤本 正 ふじもと ただし
嵯峨藤本畳店代表取締役（三代目）
1951年京都府生まれ。同社は1911年創業で裏千家に出入りし、茶室の畳を数多く手がける。

漆

新技術・漆の吹きつけ

「桐の間」に据えられた黒漆の座卓は圧巻である。全長12メートルの漆の一枚仕上げが鏡のように庭の緑や天井の意匠を写して室内に豊かな景色を創出する。また、「藤の間」の綴織の下にある框は16・6メートルもの長さがあり、呂色《ろいろ》漆が施され、晩餐室にアクセントを添える。そのほか、「藤の間」の欄間、「桐の間」の障子の桟や座椅子なども漆黒で統一され、軽やかな和風建築を引き締め、凛とした風格を醸し出している。

施工に当たったのは光工芸社、さわの道玄、安川漆工の3社。伊勢神宮の式年遷宮や桂離宮などの文化財修復、御輿や仏具を手がけてきた猛《も》者《さ》たちが今できる最高の技で挑んだ。例えば、舞良戸《まいらど》の柿渋塗りでは変色を抑えるため松の煤《すす》を混ぜるといった試みや120脚ある椅子はスプレーガンで吹きつけるなどの画期的な手法を駆使した。

ジャパンと呼ばれる漆塗。三者はジャパンの誇りをかけて技と心意気を京都迎賓館に塗り込めた。

飾り棚と座卓／光工芸社

URUSHI

ジャパンの心意気を迎賓館の随所に塗り込めて

島 宏行　しま ひろゆき
光工芸社代表（二代目）
1950年京都府生まれ。大学卒業後商社に勤務し、26歳の時、家業の漆工芸の道に入る。主な作品は婚礼調度並びに飾り棚、座敷机等。

澤野 道玄　さわの どうげん
さわの道玄代表取締役
1945年京都府生まれ。京都市立美術大学（現・芸大）の漆芸科卒業。26歳で漆芸の道に入り、1991年、同社設立。桂離宮や西本願寺など、文化財修復を手がける。社寺建造物美術協議会会長。（財）祇園祭山鉾連合会専門委員。

安川 豊　やすかわ ゆたか
安川漆工代表
1934年香川県生まれ。1951年から叔父の経営する仏具店で修業。1967年、同社を設立し、主に仏具や御輿など伝統工芸品や美術品を手がける。

錺金物《かざりかなもの》

建築を美しく飾る錺金物は弥生時代以来の伝統技術。神社仏閣や御輿を荘厳するほか、住宅では長押（なげし）の釘隠や襖の引手などにその技が光る。「藤の間」には組紐をデザイン化して絆を表し、「桐の間」は政府の紋章「五七の桐」の釘隠が施されている。

七宝・鎚起《しっぽう・ついき》

上／金、銀、瑠璃（るり）、珊瑚（さんご）など７つの宝に例えられる「七宝」は仏教伝来と共に伝わった技術で、金属基盤にガラス質の釉薬を乗せて焼成して仕上げる。「結び」を意匠化した玄関ドアの把手や、化粧室のサインなどに技が光る。
右／鎚起の花器。政府の紋章「五七の桐」が施されている。

錺金物

建築や調度の画竜点睛

錺金物は、釘隠や引手のような住宅用のものから、御輿などの祭礼具や仏像の荘厳、人形道具など装飾的な金属のこと。弥生時代から伝わる技で、京都迎賓館では釘隠、襖の引手にその技を見せた。「藤の間」の釘隠を担当したのは礒村浩之亮氏。伊勢神宮、京都南座などの伝統的な仕事だけでなく、現代建築にも挑戦する職人である。玄関の欅の引戸の引手、「桐の間」の釘隠、主賓室などの引手などを作ったのは森本安之助氏。玄関引手は人類が発見した最も新しい形スーパー楕円で、シンプルだが飽くことのない意匠の引手を作った森本氏は、国宝、重文を数多く手がける錺金物の第一人者である。また、仏壇、仏具の老舗として東西本願寺はじめ、末寺の仏像や仏壇の修復も手がける若林佛具製作所は１８０年の伝統をつなぐ老舗で、錺金物師はじめ、種々の匠を使い分けるプロデューサー的な立場。こちらは「聚楽の間」の「千代結」の釘隠や主賓室の引手を製作し、それぞれ京都迎賓館の画竜点睛に一役買った。

豊国神社唐門／森本錺金具製作所

建築を芳しく見せる金属。 KAZARIKANAMONO
錺金物の用と美

礒村 浩之亮　いそむら こうのすけ
礒村才治郎商店代表取締役社長（三代目）
１９２５年京都府生まれ。同社は１９０５年創業。伊勢神宮、京都南座、大阪城天守閣など伝統的建築物のほか、吉田五十八設計の三越シルバーハウスの食堂天井など現代建築にも挑戦。１９９２年第17回吉田五十八賞受賞。

森本 安之助　もりもと やすのすけ
森本錺金具製作所取締役会長（三代目）
１９２８年京都府生まれ。同社は１８７７年初代安之助が創業。父である二代安之助に師事し伊勢神宮の式年遷宮も３度経験。１９９８年選定保存技術保持者「錺金具」に認定。

山田 榮治　やまだ えいじ
若林佛具製作所　製作部長
１９４７年京都府生まれ。同社は１８３０年創業。各寺院の御用達仏具店として仏具の製作のほか、全国の仏壇、仏具の修復などにも携わる。

仏壇／若林佛具製作所

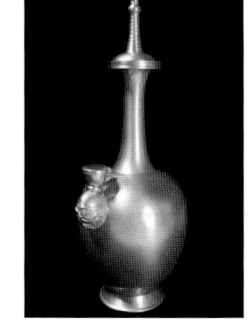

七宝・鎚起

七つの宝と金属の煌めき

迎賓館で最初に賓客を迎えるのは玄関扉。欅の木肌も美しい一枚板には何の装飾もないが、控えめながらキラリと光彩を放つ美しい把手《とって》が施されている。本体は手作業で菱形に成形された銅製。その表面に、組紐をモチーフとした模様が七宝焼加飾されている。黒と灰色と細い銀色だけのシンプルなデザインが却って玄関扉を引き締める。

七宝焼は、安藤七宝が伝統的な有線七宝技法によって制作した。また、玄関扉両脇のガラス面に施された衝突防止マークの五七の桐紋も七宝焼である。ただしこちらはウォータージェット加工という最新の加工技術によって制作されたもの。七宝技法の新旧の競演である。

金属板を鎚で打って成形する技術を「鎚起《ついき》」という。打物とか鍛金とも呼ばれる伝統技術で、成形された素材に文様を鏨《たがね》にて彫刻し、吊花入を制作したのは釜師でもある浅野美芳氏。鈍い光彩を放つ黄銅製の吊花入が「桐の間」の床脇を飾り、日本のもてなしの必須アイテムである花と花器の工芸文化をさりげなく伝えている。

七宝焼山車装飾四本柱（石橋組青龍車）／安藤七宝店

SHIPPOU/TSUIKI

迎賓館で生かされた新旧の七宝技術

柴田 明 しばた あきら

安藤七宝店

１９４２年愛知県生まれ。１９６１年から安藤七宝店勤務。１９８８年愛知県芸術文化選奨文化賞受賞等受賞多数。

浅野 美芳 あさの びほう

鎚起師三代平安美芳

１９４３年京都府生まれ。祖父である初代美芳、父の二代美芳、蝋型鋳金の四世、五世の秦蔵六師に付き修業。一方、親戚の釜師四世高木治良兵衞の下で鋳造技術を習得し、１９９５年釜師６世高木治良兵衞を襲名。

仙盞形胡人口水瓶（せんざんがたこじんくちすいびょう）／浅野美芳

庭園《ていえん》

上／「霰（あられ）こぼし」と呼ばれる自然石だけで敷きつめる延段（のべだん）。使った石は敷地から出土したものばかりで、石を加工せず、形を合わせて隙間なく敷きつめていく手法。自然に逆らわず、ゆっくりと時間をかけて平面、断面が合う石を探した仕事ぶりから温もりが伝わる。アクセントとなる帯状の石はかづら石。
右／迎賓館のコンセプト「庭屋一如」を最も端的に表現するのは庭園。水を巡る樹木、樹木から見え隠れする屋根、その向こうの御苑の木々も庭の景色の重要な要素となった。しかし生き物である庭はこれから何十年もかけて完成される。
左頁／石灯籠、飛石、苔などで構成された庭は、「市中の山居」の趣を醸し出す。

庭園

京都の風土と歴史と関わりながら

京都迎賓館の中核理念は「庭屋一如」。つまり庭と建物を一体化させるというもので、その深奥には自然と科学との融合という理想をも内包し、庭のありようはきわめて重要な要素である。多くの庭師や造園家が関わったが、棟梁として全体を指揮したのは佐野藤右衛門氏。作庭家でもある京都造形芸術大学副学長の尼﨑博正氏も加わり、京都迎賓館の匠プロジェクトでは最も大きな所帯となった。

庭師たちは、「自然の輪廻」「庭屋一如」を表現するため腐心した。それは、プランや意匠というよりはむしろ歴史や文化、風土など脈々と受け継がれてきた京都の伝統を踏まえながら、いかに現代の匠の技を投入するかという課題で、そのためにも、石や木や水の自然な生かし方に力が注がれた。たとえば、大池に敷き詰められた石は現場から出土したゴロタであるし、主賓座敷前の霰《あられ》こぼしの延段《のべだん》もまた、現場から出土した石。何千年、あるいは何億年もの間、京都の地中深く眠っていた自然である。その石を拾い上げ、人の手で形を変えることなく、美しく敷き詰めた庭師の仕事こそ、自然の輪廻そのものではないだろうか。こうした仕事ぶりを若い職人が見て心打たれ、また次代につなぐ。庭を構成する樹木や石や水と同じく、技や精神もまた、生きてつながれた。

「庭屋一如」の理念を表す作庭の妙

TEIEN

佐野藤右衛門《さのとうえもん》

植藤造園代表取締役社長（16代目）

１９２８年京都府生まれ。同社は１８３０年創業。代々御室御所に仕える植木職人。明治期より造園業を営み、14代目より全国各地の名桜の保存に努め、京都円山公園の枝垂桜などを育て、「桜守」として親しまれている。

枝垂桜／円山公園

Column

まだ、生きてた！京の作事の底流れ。

佐野藤右衛門氏――談

造園業者5社の混成部隊やったから、それぞれ動き方が違《ちご》て最初は大変やったが、皆ようやった。木や石や草は自然そのもので、それぞれ寸法も形も違うからメートルとかセンチではどうにもならん。図面では分からんような皺（寸法の誤差）も出るし、座敷からの景色も実際に座ってみんと分からん。作庭は結局、その場で決めていくのが一番合理的で、それをさせてもらったことに感謝している。京都の匠たちの技を尊重し、現場でのやりとりがスムーズにいくよう道をつけてくれたのは中村昌生先生。それから大工、左官などそれぞれ作事方同士の呼吸の凄さ。別業種同士でも何かしら呼吸が合うた。阿吽《あうん》の呼吸というよりはもっと深い何か…。互いが仕事の進行をそれとはなしに見ながら段取りを決め、邪魔せんよう、しかも協力できるよう実に上手に動く。これは京都やからできた業《わざ》やと思う。技術だけではなしに見識や美意識、人の間のとり方や気働きなど風土が育てた「作事の底流れ」。それが「まだ、生きてた！」と実感できてうれしかった。これも京都の財産。庭の守《も》りをするように、守り育てたいニッポンの文化や。

石造工芸《せきぞうこうげい》

石工芸もまた、仏教伝来と共に伝わった伝統技能で、石灯籠をはじめ、蹲踞（つくばい）や石橋など庭園の重要な点景を担う要素。迎賓館では蠟燭（ろうそく）ではなく、電球を火袋に入れるしくみで、ほとんどの石灯籠には障子が張られている。電線を隠すのも工夫の一つであった。

和舟《わせん》

大池に浮かぶ和舟は、「水の輪廻」「人と水」など京都迎賓館の理念を伝える重要な要素である。管弦の舟遊びなど我が国の典雅な水遊びの舞台となったり亀嶋の植物や鯉の管理などに役立つ用と美にかなうしつらえ。琵琶湖の丸子船を造り続ける松井造船所親子3代の製作。船体はコウヤマキ・ヒノキ。

石造工芸

目立たずしかし美しい景として

兼六園　灯籠

石造工芸を担当したのは西村金造氏と長男大造、次男光弘の親子。庭園随所に設置された石灯籠や蹲踞《つくばい》、池に架かる石橋、和会食棟などの玄関の沓脱石《くつぬぎいし》を製作した。庭や池畔を照らし、庭園の点景として重要な役割を担う石灯籠や蹲踞は庭師との合作で、形や素材、据え置く場所も庭師と一緒に決めていった。灯籠や蹲踞の石は、早く庭に馴染むよう苔乗りのよい錆石《さびいし》を主に選び、意匠は数寄屋建築に合うよう、高桐院形など簡素で柔らかい仕上がりに努めたという。石灯籠は6つの部材の組み合わせで成形する。モルタルで固定する方法もあるが、ここではすべてホゾで一体化した。据え置き時の基礎もコンクリートではなく、1メートルほどの穴を掘って小石や砂を埋めて固める伝統的な方法。こちらの方法の方が地震などの揺れにも強いという。

また、一見平らな沓脱石は、微妙にムクリがついた蒲鉾《かまぼこ》形。本当に平らでは中心が下がって見え、石の表情を和らげる為にもわずかに中心を盛り上げる繊細な技も含め、次代に伝えたい伝統技術である。

寺院や茶の湯で育まれた
京の石工芸。その技を次代へ

SEKIZOUKOUGEI

西村 金造　にしむら きんぞう

西村石灯呂店会長（4代目）

１９３８年京都府生まれ。１９６２年イサムノグチの「黒い太陽」石彫刻担当。１９８２年京石工芸伝統工芸士に認定。桂離宮、修学院離宮、大宮御所、御所などの石灯籠や手水鉢の修復を手がける。京都府認定の名工で、２００４年に経済産業大臣より名工として表彰される。

西村 大造　にしむら だいぞう

西村石灯呂店代表取締役（5代目）

１９６４年京都府生まれ。京都芸術短期大学造園学科卒業後、家業に従事。１９９７年京石工芸伝統工芸士に認定。２００３年イタリアＭＩＡ展に出展。

西村 光弘　にしむら みつひろ

１９６５年京都府生まれ。１９８３年から家業に従事。１９９７年京石工芸伝統工芸士に認定。

和舟

琵琶湖の丸子船を造る船大工親子三代

日本では太古から各地で造船技術が発達し、多様な和舟が造られてきた。しかし、明治以降は鉄やＦＲＰ（繊維強化プラスチック）製の船が主流となり、和舟および和舟による漁業が姿を消しかけている。船大工は減少し、現在、２００人ほどだと言われている。

丸子船は、戦前まで琵琶湖の湖上輸送になくてはならない船で、江戸時代中頃は、１３００隻の丸子船が琵琶湖を往来したという。今、１隻だけ残っているが、この丸子船を造ってきたのが松井造船所の松井三四郎氏。氏は、仙洞御所の池に浮かんでいた和舟や金閣寺の剣先舟の製作者でもある。京都迎賓館の大池に浮かぶ和舟は、喫水《きっすい》の浅い舟で池の水深を考慮して舟底の平らな平底である。船体はコウヤマキ・ヒノキ。池の点景として優雅に池で揺れている。

舟は三四郎棟梁とその息子三男氏、孫の光照氏の合作で、仕事そのものが技の伝承であった。三四郎氏は迎賓館と和舟の完成を見届け平成18年5月に他界。迎賓館の和舟は、92歳の天寿と天職を全うした有終の美でもある。

丸子船

WASEN

次代へ船大工の技を
世界へ舟遊びの文化を

松井 三四郎 まついさんしろう
１９１３年滋賀県生まれ。１９２５年〜39年杢兵衛造船所入所。１９３９年堅田木工設立。１９４５年兵役招集。１９４８年堅田木工閉鎖。１９４９年松井造船所設立。

松井 三男 まついみつお
１９４７年滋賀県生まれ。１９６５年〜松井造船所。１９７０年日本造船技術センターにて研修。１９７１年小型鋼船に関わる一級小型造船技術者認定取得。１９７６年小型鋼船に関わる主任技術者資格認定取得。

松井 光照 まついみつてる
１９８１年滋賀県生まれ。大学卒業後、会社勤務を経て、家業松井造船所に従事。

截金《きりかね》

「藤の間」舞台を仕切る6枚の檜扉に描かれた截金の文様。仏像や仏画を荘厳するための技術「截金」を現代に生かした力作で人の動きや扉の動きによって輝きが変化する。涼やかな音を感じるデザインである。

日本画《にほんが》

「桐の間」の４間の床を飾る３幅の画は、若手日本画家、菅原健彦氏の作品「雲水峡」。右から「深山」「水行」「雨林」のサブタイトルがある。氏は数々の賞を受賞する新進気鋭の画家で、日本画の伝統技能を尊重しながらも新しい素材や技にも挑戦する作家である。軸装は松村泰山堂。

截金

仏の荘厳からもてなしの装飾へ

「藤の間」の舞台を飾る6枚の檜扉、「桐の間」の欄間には桐の一枚板に、そして貴賓室のサイドボードやテーブルに施された繊細優美な装飾は「截金」と呼ばれる伝統技法。金箔を焼き合わせて厚みをもたせ、鹿革張りの盤の上で糸のように細く切り、それを穂先を湿らせた筆に取り、接着剤を含ませた筆を利き手で操りながら文様を描いていく。金箔を切るのは篠竹を材とした竹刀。古来の技法である。

截金は仏教と共に伝来し、仏像や仏画を荘厳する装飾技法であったが、13世紀をピークに衰退。わずかな截金師が技法を伝えるに留まっていた。近年、その截金の技法が工芸品や壁面装飾など仏教美術以外のジャンルにも適用され、その優美な煌めきが注目されている。

迎賓館の截金装飾の創作にあたったのは江里佐代子氏。「藤の間」の舞台扉「響流光韻《こうるこういん》」は、その銘のごとく涼やかな鈴の音が聞こえてきそうな荘厳な作品である。「桐の間」の欄間「日月《にちげつ》」は、プラチナと金で陰陽の美を描いた。伝統技法・截金は今、現代のもてなしの空間で光彩を放ち、その美と技を次代につなごうとしている。

飛鳥の技を平成に生かし　また千年をつなぎたい

KIRIKANE

截金十二角筥　円窓

江里 佐代子《えり さよこ》

１９４５年京都府生まれ。１９７８年、北村起祥師に師事し、截金技法を学ぶ。仏像芸術であった截金を茶道具、工芸作品、ホテルロビーの壁面など異分野へも積極的に応用し、截金の新しい世界を開拓。２００２年、重要無形文化財保持者(人間国宝)に認定。

日本画

NIHONGA　水の輪廻を表す「床の間」のアート

日本画の新境地へ

「桐の間」の4間の大きな床の間を飾る3幅の掛け軸。その画を描いたのは日本画家、菅原健彦氏である。福田平八郎画伯の作品に触発され、多摩美術大学日本画科に進み、在学中から「第5回上野の森美術館大賞」や「川端龍子賞」など数々の権威ある賞を受賞。日本画の伝統を踏まえつつも技法や絵の具に新境地を拓く新進気鋭の日本画家である。

2004年には「第2回東山魁夷記念 日経日本画大賞」の大賞を受賞するなど高い評価を得、2006年より京都造形芸術大学の教授として京都にゆかりをつなぎ、京都迎賓館の「桐の間」の大床を飾る水墨画「雲水峡」の制作にあたった。3幅の画は「深山」「水行」「雨林」のサブタイトルがつき「水の国—日本」を象徴した。

中国より伝わった水墨画は、墨の濃淡だけで風景などを描く絵画法で、禅的な雰囲気が漂う画である。「桐の間」の床に飾られたこの求心力をもつ力強い画は、和のもてなしの重要な要素として諸外国の賓客の目を楽しませるだけでなく、日本画の高い芸術性を認識させるに違いない。

「Miford Sound」

菅原 健彦　すがわら たけひこ

京都造形芸術大学教授

1962年東京都生まれ。1989年多摩美術大学日本画科卒業。1998年MAO岡田茂吉賞優秀賞、2004年第2回東山魁夷記念・日経日本画大賞展大賞など受賞多数。2005年より京都造形芸術大学教授。

有職織物《ゆうそくおりもの》

奈良時代に伝わった唐織が平安時代に和風化し、今に伝わる有職織物を専門に織る「俵屋」は、公家の装束や能衣装を専門とする室町時代より続く機家（はたや）。西陣織三十一家の一家で、18代の当主、喜多川俵二氏が精魂込めて織った几帳や袿（うちぎ)などが迎賓館に雅やかな華やかさを醸し出す。

西陣織《にしじんおり》

上／「藤の間」や「夕映の間」の壁面装飾は、西陣織の中でも特に高度な技術を要する綴織。上の写真の原画は箱崎睦昌画伯の作。
左3点／「藤の間」や「水明の間」、「桐の間」の椅子に張られたファブリック（布地）も西陣織で、それぞれの間にふさわしく、藤や波文が織り込まれている。

有職織物

有職織物の雅をもてなしに

「有職織物」とは平安時代より伝わる公家様式や武家様式の絹織物で、女房装束（十二単）や束帯などその時代の決まりに則《のっと》って織られる織物。正倉院御物の修復をはじめ、天皇即位や皇太子の御成婚の装束、伊勢神宮の神宝装束などに生かされ、今につながれている織物の総称のことで、「二陪《ふたえ》織物」や「綾」「錦」、薄物と呼ばれる「紗《しゃ》」「羅《ら》」「縠《こく》」などの織物がある。

西陣織三十一家の一家「俵屋」は５００年の長きにわたり有職織物を守り伝える機屋《はたや》で、今回迎賓館の織物を創作した喜多川俵二氏は18代当主。回廊や「桐の間」寄付に有職織物が飾られ、シンプルな回廊の壁を温かい薄紅色で空気を和ませるのは経糸《たて》を紅、緯糸《よこ》は白の顕紋紗《けんもんしゃ》で撫子《なでしこ》文様を織り上げた小袿《こうちぎ》。「桐の間」寄付には扇面文様の几帳がしつらえられ、数寄屋建築の凛とした空気をうち解けさせる。また、「藤の間」の舞台と玄関前の開口部に「縠」と呼ばれる薄物が幕として張られている。縠は今では一般に使用されることのない幻の織物である。喜多川氏が復元した繊細な織物の美の数々は、公家文化や武家文化など日本の古い典礼や文化を語って余りある作品である。

日本人の感性と美意識を織物に託して

YUSOKUORIMONO

喜多川 俵二《きたがわ ひょうじ》

西陣「俵屋」18代当主

１９３６年京都府生まれ。西陣「俵屋」17代の喜多川平朗氏の次男。１９５４年より父の下で有職織の修業、研修を重ね、皇室御用織物をはじめ、正倉院御物や伊勢神宮の織物を制作。１９８８年俵屋18代を継承。１９９９年重要無形文化財保持者（人間国宝）に認定。

西陣織

NISHIJINORI

綴織ならではの細やかで華麗な壁面装飾

「祇園祭南観音山下水引『飛天奏楽』(原画/加山又造)」／川島織物

39種の花を彩る1000色の糸

川島織物

「藤の間」の大壁面に「麗花」を手掛けたのは川島織物。鹿見喜陌《きよみち》画伯が5分の1大で描いた原画をコンピューターで原寸大に拡大し、糸色や織りを検討して織下絵を制作。原画に描かれた39種の花の色を出す為に400色の糸を染めた。各花の試し織りを繰り返すうちに色のぼかしや混ぜ合わせによって色数は1000色にもなった。

製織後、桜の円と土《ど》坡《は》に金箔を押し、1年7カ月を費やして幅16・6メートル、高さ3・1メートルの綴織の壁面装飾が完成。「藤の間」を華麗に飾っている。

日本と欧州の伝統技をつないだ現代の織物

龍村美術織物

龍村美術織物は「夕映の間」の東西両壁面に箱崎睦昌《むつまさ》画伯の描いた「比叡月映」「愛宕夕照」の2つの画を綴織で織った。比叡山と愛宕山の夕景で、綴織の特徴であり、欠点でもある「縦割」を生かし、山の稜線を表現。また、空気を含んだ山裾に伸びるぼかしの調子は、織成《しょくせい》と呼ばれる正倉院以来の技を駆使してプラチナの鈍い輝きを底光りさせ、立体的でふくよかな山肌を見事に表現。随所にヨーロッパタペストリーの織技が生かされた作品となっている。

川島織物 かわしまおりもの

1843年初代川島甚兵衛が京都で呉服悉皆業を創業。以来、帯地、祭礼幕、緞帳など、創業来の技術を受け継ぐ「呉服・美術工芸事業」、室内装飾、ファブリック全般を提供する「インテリア事業」、自動車等のシート地等を製造する「自動車事業」の三本柱で事業を展開。4月1日に株式会社セルコンと合併。社名を川島織物セルコンと改名。

龍村美術織物販売 たつむらびじゅつおりものはんばい

1894年初代龍村平蔵が織物業を創業。1921年「織宝会」の依頼にて正倉院御物裂の研究に着手、72種を復元。1941年龍村織物美術研修所設立。官公立研究所に準ずる機関として政府より認可。1955年(株)龍村美術織物設立。

御物赤地鴛鴦唐草文錦／龍村美術織物

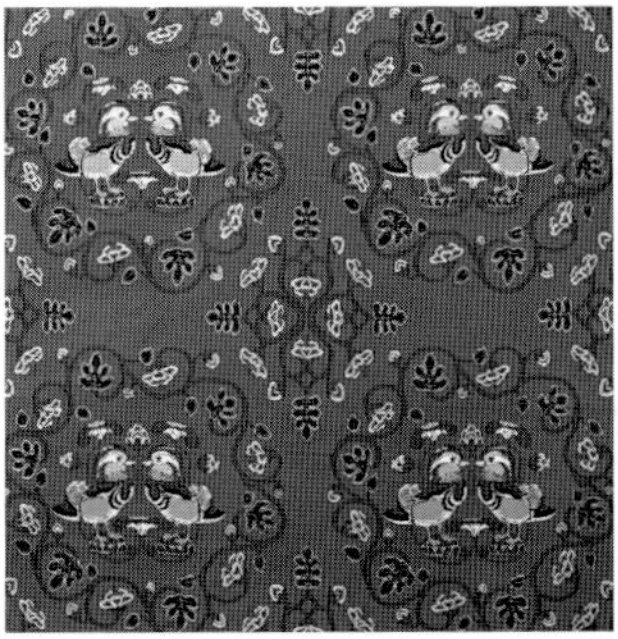

型絵染《かたえぞめ》

迎賓館のロビーとも言える「聚楽の間」で最初に迎えるのは、型絵染の屏風一双。ドビュッシーなどの音楽からイメージを型絵にして染める伊砂利彦氏の作品。各宿泊室にも氏の型絵染が飾られ、日本の染織技法と高い芸術性を世界に発信している。

竹工芸《ちくこうげい》

「聚楽の間」に飾られている早川尚古齋氏の作品「重ね編剣菱紋花籃（かご）」。テーブルは不窮斎高野宗陵氏作の「色漆網銘板」。竹の軽やかさがこの先の簡潔な空間を予感させる。

型絵染

KATAEZOME

日本人が愛する白と藍で染めた一双の屏風

模様から模様を造らず

「型絵染」と呼ばれる染色技法は、何枚にも張り合わせた美濃紙を薫製《くんせい》にして防水性を高め、その紙に型を彫り、型の部分に防染糊をつけて染める染色法。奈良時代以来の技法で、伊勢型など着物の小紋文様などで馴染みの深い技術である。芹沢銈介、稲垣稔次郎といった芸術家が型絵染で新しい作品を創作したことで、再び脚光を浴びた技。染屋の家に生まれた伊砂利彦氏は、意欲的な作品を創作する型絵染作家である。陶芸家の富本憲吉氏の「模様から模様を造らず」の教えを尊び、抽象画といえど徹底した写生を踏まえて簡潔で明快な抽象画を創作する。

京都迎賓館では「聚楽の間」の「リモージュの市場」（白）と「キエフの大門」（藍）の屏風1双と館内の床にも「花」のタイトルの桜のほか、「水の表情」をテーマに12の水景や松の小枝を一文字に描いた「松一文字」を制作。花と水は墨一色、松は朱一色で染め、屏風の白と藍と並び、墨や朱といった日本の色と無駄なものを削《そ》ぎ落とした自然の形を表現し、我が国の中核となる精神を伝えている。

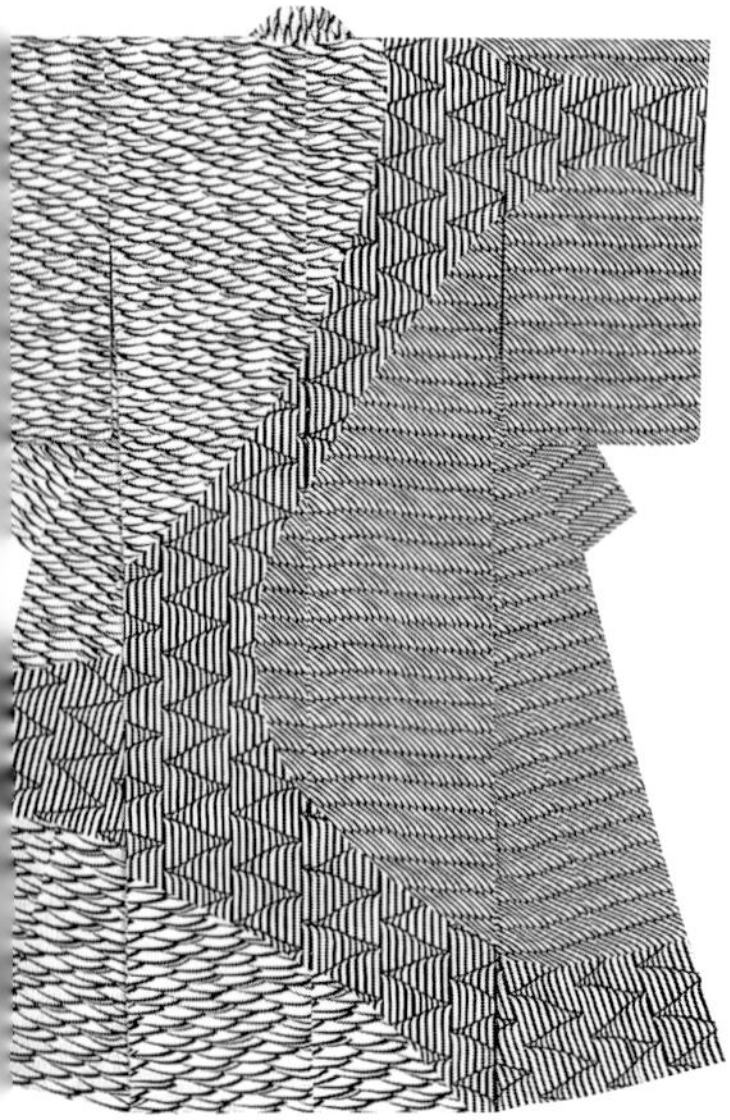

流れ（Flow）

伊砂 利彦 いさ としひこ

型絵染作家

１９２４年京都府生まれ。１９４５年旧京都市立絵画専門学校（現・京都市立芸術大学）卒業。１９５３年「新匠会」に入選後、型絵染を中心に創作活動を展開。１９７１年「新匠会・富本賞」受賞。１９７２年からムソルグスキー作曲の『展覧会の絵』、ドビュッシー『前奏曲集』など音楽をモチーフとした作品を創作。１９９０年フランス政府より芸術文化勲章シュバリエ賞受賞。沖縄県立芸術大学名誉教授。

竹工芸

二つの技法を見せるロビーのしつらえ

縄文時代から用いられてきたという竹製品は、我が国の工芸の歴史でもとりわけ古い歴史をつなぐ技。正倉院にも籠など優れた工芸品が残り、平安時代には御簾《みす》や垣など、調度品や建築材にも使われたが、茶の湯が発達する桃山時代以降、茶杓や柄杓《ひしゃく》、花入などの材として多用されてきた。茶の湯では特に、その軽やかさが珍重されたこともあって、京都の竹工芸は材そのものの竹が豊富で良質であることはもとより、茶道や華道の器として多様な広がりを見せながら洗練されていったのである。

竹工芸の技法には細く割った籤《ひご》を編んだり組んだりして形作る「編組《へんそ》物《もの》」と丸い筒の形を生かして造形する「丸竹物」に分類されるが、いずれも竹のしなやかな弾力性と強靱さを生かして制作される。

京都迎賓館では、待合に利用する「聚楽の間」や「琵琶の間」に軽やかな竹の工芸品が飾られている。「聚楽の間」には早川尚古斎氏が創作した花籃《かご》で「重ね編《あみ》剣菱紋花籃」の銘がある。2種類の竹を交互に編んで造形した立体的な「編組物」。また、高野宗陵氏の作品「色漆網銘板」「色漆差六ッ目銘板」の飾り台やサイドテーブルが軽妙で素朴な日本的なもてなしの心を伝えている。

條線文耳付花籃／早川尚古齋

軽妙、素朴、簡潔の美

CHIKUKOUGEI

早川尚古齋 はやかわしょうこさい

１９３２年大阪府生まれ。４世尚古斎の長男。１９５１年より父に師事し、１９７７年５世尚古齋を襲名。１９９２年京都府無形文化財「竹工芸」に認定。２００２年京都府文化功労賞受賞。２００３年重要無形文化財「竹工芸」保持者（人間国宝）に認定。２００５年京都市文化功労賞受賞。

不窮斎 高野宗陵 ふきゅうさい たかのそうりょう

１９３７年京都府生まれ。１９６４年大徳寺藤井誠堂老師より「宗陵」の号を拝受。１９７３年高野竹工設立、代表取締役就任。主として茶道具や花器などを制作し、１９９９年相国寺有馬頼底管長より「不窮」の斎号を拝受。

竹一重切花入／不窮斎 高野宗陵

京指物《きょうさしもの》

一切釘を使わず、ホゾを組み合わせることで板や木を差し合わせる木工芸が指物。奈良時代より伝わり、平安時代には宮中の式典用の祭具を作るなどの長い歴史をつなぎ、現在では照明器具や茶道具などに生かされている。「藤の間」の光天井や回廊の足下を照らす行灯（あんどん）など京指物の粋が結実した。

蒔絵《まきえ》・螺鈿《らでん》

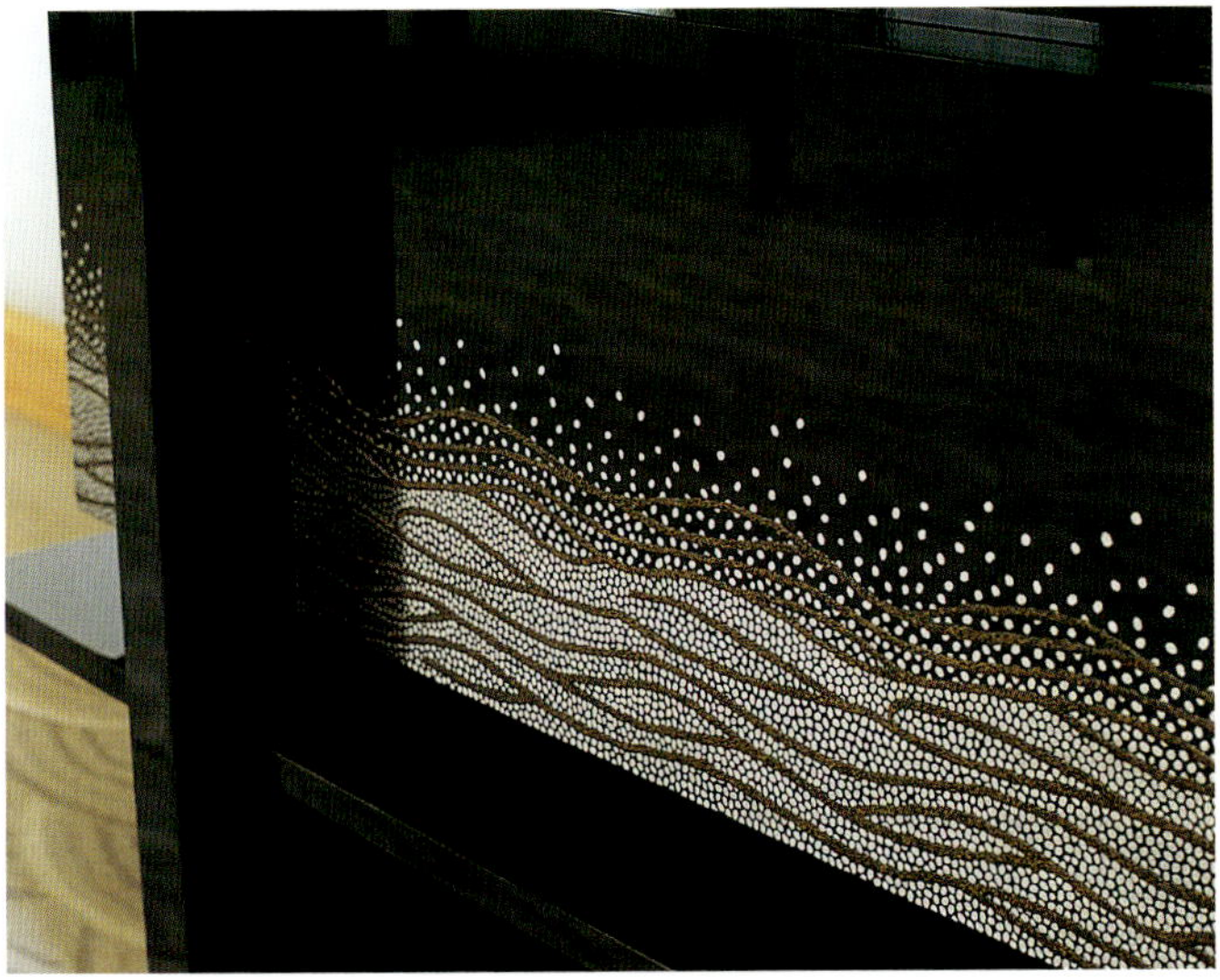

「水明の間」の漆塗りの飾り台に施された蒔絵は水しぶきをデザインしたプラチナの蒔絵。池からの光の反射を受けて煌(きら)めく様は、川の流れのようでもある。同じく「水明の間」のサイドテーブルには水の流れを象(かたど)った螺鈿、「夕映の間」の飾り台にも螺鈿の技が控えめな光彩を放つ。

京指物

正倉院から京都迎賓館の光天井まで

釘など接合金物を一切使わず、木と木、木と棒、棒と棒などのホゾを組み合わせることで成形する「指物」は、箪笥などの家具から行灯や調度品、茶道具の棚などに生かされてきた伝統技術。その歴史は奈良時代にまで遡る。「木具師」と呼ばれた平安時代は宮廷や寺社の保護の下、祭礼具などを作る工人であったが、室町時代以降には「指物師」として民間の専門職となり、茶の湯の発展とともにその技が磨かれ、今につながれている。

京都迎賓館では、「藤の間」の光天井をはじめ、回廊にしつらえられた行灯形の照明器具などに腕を振るった。製作にあたったのは伊勢神宮式年遷宮の御神宝や俵屋旅館の照明器具などを製作した（株）興石の鳥原嘉博氏、日光東照宮の調度品などを手がけた井口木工所の井口彰夫氏、昭和天皇の御尊牌をはじめ、大阪四天王寺の丸厨子などを製作した山田文雄氏の3匠のほか、和田卯の職人達も加わり、数寄屋の匠と共に我が国が誇る木の技と美の高さを発信している。

杉小棚／井口 彰夫

木の国・日本の繊細な技と美を世界へ

KYO-SASHIMONO

532杉曲げ広間スタンド／（株）興石

鳥原 嘉博《とりはら よしひろ》

（株）興石

１９５６年宮崎県生まれ。１９８０年千葉大学工学部建築学科卒業。１９８８年京都の（株）興石に入社。伊勢神宮式年遷宮御神宝、大徳寺龍光院国宝本堂照明器具、俵屋旅館客室照明器具などを製作。

井口 彰夫《いぐち あきお》

井口木工所代表

１９４７年京都府生まれ。１９６６年京都市立伏見工業高等学校木工科卒業。１９８９年井口木工所継承。皇居新御所の家具や伊勢神宮の御神宝などを製作。１９９９年「京指物」伝統工芸士認定。

山田 文雄《やまだ ふみお》

山田巧芸代表

１９４２年山形県生まれ。１９５７年から逸見茂夫氏、１９６３年からは上田秀次氏にそれぞれ師事。１９７０年独立。１９８１年京仏壇伝統工芸士に認定。１９８９年昭和天皇御尊牌を謹製。

蒔絵・螺鈿

日本固有の加飾法と
繊細優雅な美意識を発信

漆工芸は日本、中国、タイなど漆産出国で発達した東洋独特の工芸。漆器に施す加飾技法・蒔絵は日本を代表する技術で、ジャパンと呼ばれる所以でもある。漆の工芸品は飛鳥、奈良時代に大陸から新技術が伝えられたが、さらに古く、９千年前の漆器が我が国の遺跡から出土している。世界最古の漆器とされる。平安時代には日本独自の蒔絵の技術が生まれ、その後、花鳥風月などの文様を金銀や色漆で華麗に描く技術として発展。一方、青貝を漆器に嵌《は》めたり貼ったりして文様を表現する螺鈿《らでん》は、奈良時代に中国の唐から伝来した加飾技法で、室町期にはさらに貝を薄くした「薄貝」へと変化し、蒔絵と組み合わさることによってより華麗で繊細な表現が可能となった。

京都迎賓館には「水の燦《きらめき》」と題する服部峻昇氏作の飾り棚や数台のサイドテーブル、また蒔絵と螺鈿で「日本の四季」を描いた北村昭斎氏の座卓と伊藤裕司氏の作品である鏡台がしつらえられ、蒔絵や螺鈿のジャパンの輝きを放っている。また、「悠久のささやき」と題する「水明の間」の飾り台やサイドテーブルは、下出祐太郎氏の作品で、水をテーマとした空間にふさわしくプラチナできらめく水《みな》面《も》のイメージを描いた。

蒔絵螺鈿飾箱「薫風」／北村 昭斎

MAKIE / RADEN

蒔絵や螺鈿の文様から伝える日本の自然

服部 峻昇《はっとり しゅんしょう》
１９４３年京都府生まれ。１９７５年文化庁芸術家在外研究員として１年間欧米留学。１９９５年ローマ法王、ヨハネ・パウロ２世に謁見し、典書台を献上。京都府文化功労賞など受賞多数。２００５年日展 内閣総理大臣賞受賞。

北村 昭斎《きたむら しょうさい》
１９３８年奈良県生まれ。１９６０年東京藝術大学美術学部工芸科漆芸専攻卒業。１９９９年重要無形文化財「螺鈿」保持者（人間国宝）に認定。

伊藤 裕司《いとう ひろし》
１９３０年京都府生まれ。１９５３年京都市美術工芸高等学校漆芸科卒業。日展、現代工芸展に出品、受賞、審査員を重ねる。１９９０年京都府文化功労賞。１９９５年京都市芸術功労賞。２０００年文化庁長官表彰、２００４年日本芸術院賞をそれぞれ受賞。

下出 祐太郎《しもで ゆうたろう》
１９５５年京都府生まれ。１９７７年同志社大学文学部卒業。下出蒔絵司所３代目。１９９４年伝統工芸士。即位の礼や大嘗祭の神祇調度蒔絵、第61回伊勢神宮式年遷宮御神宝を手がける。

漆屏風「Melody」／下出祐太郎

陶磁《とうじき》

静謐（せいひつ）なイメージを与える磁器や陶器のオブジェや花器は、賓客へのアイキャッチとして大切なもてなしの要素である。上は「風ノ海景」と銘打った磁器で深見陶治氏の作品。下は「夕映の間」坪庭に設置された清水六兵衛氏作の陶器のオブジェ「TRANSFORMATION」。

木工芸《もくこうげい》

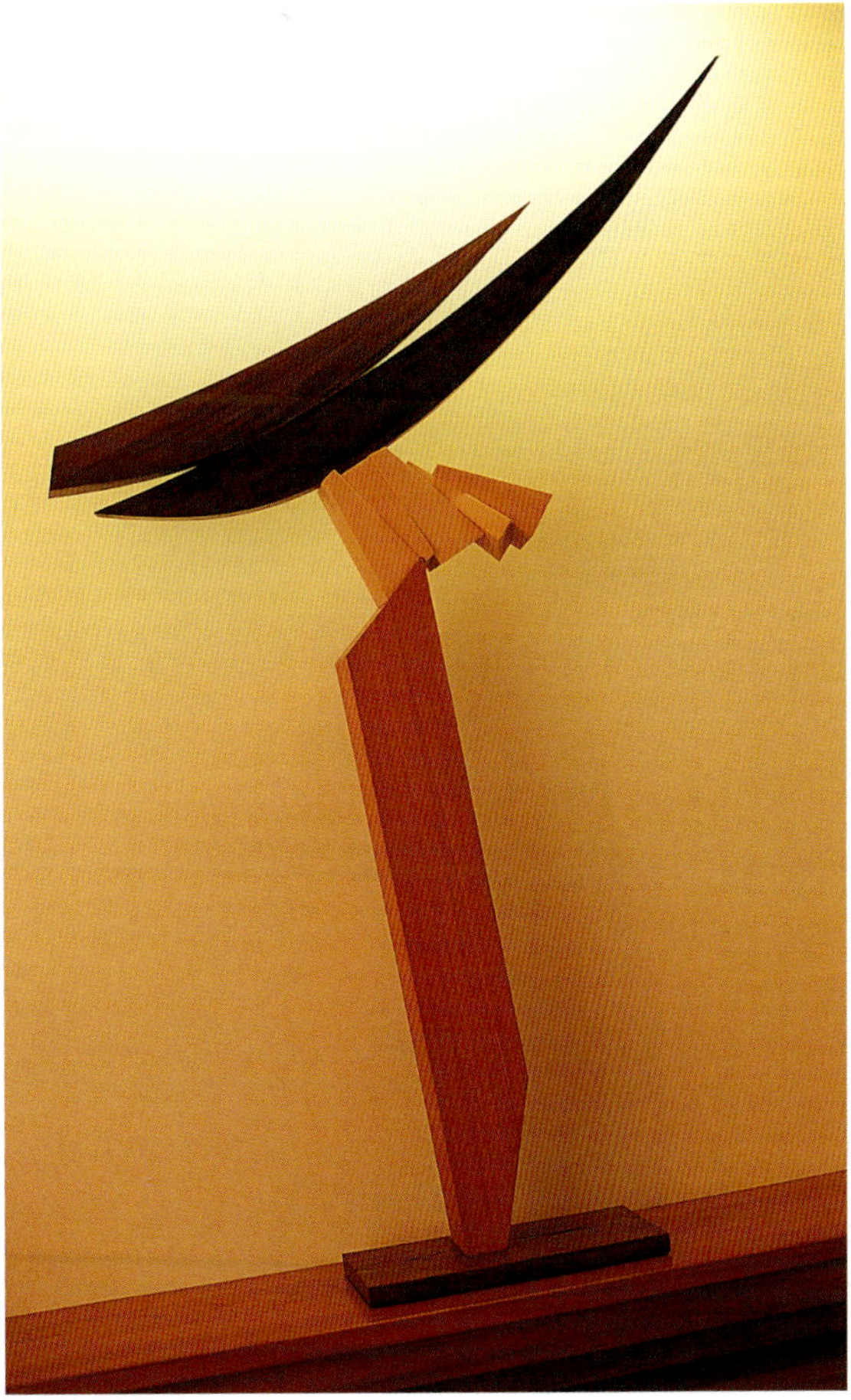

木の国日本は優れた木工芸を発展させ、「指（さし）物」「曲（まげ）物」「挽（ひき）物」「刳（くり）物」「彫物」「轆轤（ろくろ）」などの技法がある。京都迎賓館では、雁行する回廊の突き当たりに賓客のアイキャッチとして「彫物」の木工芸品「翔」が飾られている。澄川喜一氏の作品。また、和会食棟の玄関に置かれた椅子は村山明氏が創作した椅子。立ち上がり易いよう、アームが片方だけのデザインである。

陶磁器

静謐の精神を世界へ

京都迎賓館を飾る京焼・清水焼の作品は白磁、青白磁、陶器の３種。白磁は伊東慶氏の「響」と銘のある花器。「影青」の異名をもつ「青白磁」の陶造形作品は深見陶治氏の「風ノ海景」、そして清水六兵衛氏の「TRANSFORMATION」で、いずれも数寄屋風建築の潔さと、今では日本人の精神的な核ともなった禅の思想を表現したような、シンプルなフォルムと色の作品である。伊東氏の花器は玄関前回廊に飾られて、訪れる人に清々しいイメージを最初に与えるもてなしの品。深見氏の作品は漆喰の壁が雁行して続く回廊の単純さに、ふっと爽やかな風を運ぶような作品である。大会議室の白砂の坪庭にたった１つ置かれた白い陶器の清水六兵衛氏の作品は、京都と日本の静謐な精神性をさりげなく主張する。

白磁線紋（壷）／伊東 慶

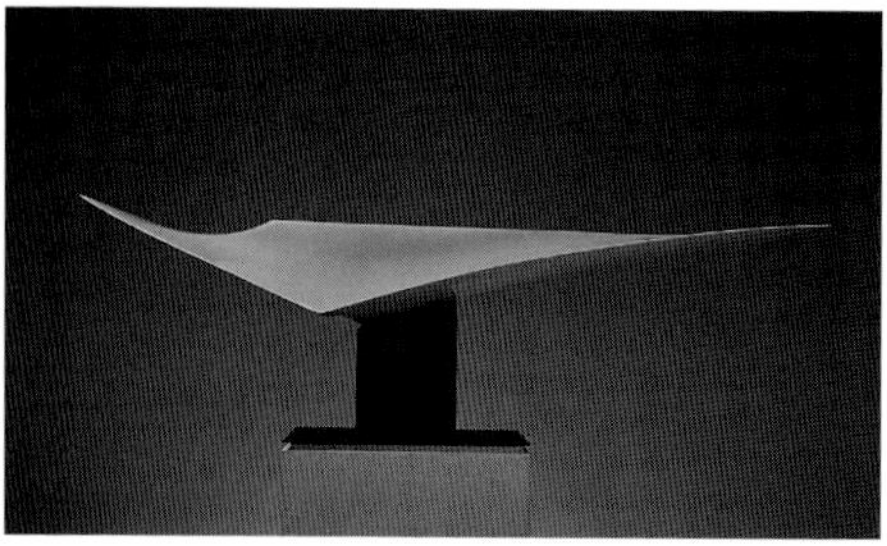

心象「澄」／深見 陶治

迎賓館の清々しいアイキャッチ

TOUJIKI

伊東 慶《いとう けい》

１９２４年京都府生まれ。１９４４年京都市立美術専門学校卒業。１９９４年京都府文化功労賞受賞。１９９６年京都市文化功労者表彰。日展参与。現代工芸美術家協会参与。京都工芸美術家協会顧問。

深見 陶治《ふかみ すえはる》

１９４７年京都府生まれ。１９８５年ファエンツァ国際陶芸展グランプリ受賞。１９９５年京都美術文化賞受賞。１９９７年京都府文化功労賞受賞。東京国立博物館、京都国立近代美術館、メトロポリタン美術館（米）ボストン美術館（英）などパブリックコレクション多数。

清水 六兵衛《きよみず ろくべえ》

１９５４年京都府生まれ。１９７９年早稲田大学理工学部建築学科卒業。２０００年八代清水六兵衛を襲名。現在、京都造形芸術大学教授。東京国立近代美術館（日本）、エバーソン美術館（米）、大英博物館（英）など国の内外のパブリックコレクション多数。

輝白釉刻線（花器）／清水 六兵衛

木工芸

温もりとやさしさの木の調度とオブジェ

森林の多い日本には、優れた木工芸が発達した。その技術も多様で板や棒などをホゾだけでつなぎ、成形する「指物」、一本の木を刳《く》り抜き、鉋《かんな》やノミなどで形作る「刳物《くりもの》」、木の表面に文様を彫り込んだり、彫り出したりして加飾する「彫物《ほりもの》」、ロクロを回しながら刃物で成形する「挽物《ひきもの》」、そして木を柔らかくして曲げて形を作る「曲物《まげもの》」などの技法がある。また、異質の木、竹、象牙、金属など別の材質を木の中に嵌《は》め込んでいく「木象嵌《ぞうがん》」という加飾法がある。

　京都迎賓館では、和会食棟の玄関に靴を脱ぎ慣れない外国の賓客の為に椅子がしつらえられた。温もりと重厚感のあるこの椅子は村山明氏の作品。アームが片方にだけあるのは、美しく立ち上がれるようにとの心憎いデザインである。

　シンプルな意匠の続く回廊に、アクセントを添えるオブジェは澄川喜一氏の木彫り彫刻「翔」。数種の材を組み合わせて、鳥が大空に向かい、今にも羽ばたこうとしている風情で、明快で力強い作品である。そのほか、館内の飾り板には、中川清司氏の木象嵌による水平の穏やかな文様が描かれている。

そりのあるかたち／澄川 喜一

MOKUKOUGEI　日本の多様な木の技と芸術

欅拭漆厨子／村山 明

澄川 喜一《すみかわ きいち》

１９３１年島根県生まれ。１９５８年東京藝術大学彫刻専攻科卒業。１９９５年～２００１年まで東京藝術大学学長。現在、同大学名誉教授。平櫛田中賞、恩賜賞、日本芸術院賞等受賞多数。日本芸術院会員。

村山 明《むらやま あきら》

１９４４年兵庫県生まれ。１９６６年京都市立美術大学彫刻科卒業。１９９６年京都府無形文化財「木工芸」保持者認定。２００３年重要無形文化財「木工芸」保持者（人間国宝）に認定。

中川 清司《なかがわ きよつぐ》

１９４２年京都市生まれ。１９６１年三重県立松阪工業高等学校卒業。１９６１年～父亀一に師事。１９７４年から竹田碧外氏に師事。２００１年重要無形文化財「木工芸」保持者（人間国宝）に認定。２００３年京都府文化功労賞受賞。

京繍《きょうぬい》・錦織《にしきおり》

平安時代に内裏に置かれた「縫部司」が「京繍」の起こり。その伝統技術で日本的な情趣を繍い込んだのは「水明の間」の襖と「藤の間」の几帳。絹張の襖には四季の草花をあしらい、羅(ら)で織られた几帳の野筋(のすじ／几帳の布の縫い目を隠す細い帯状の布)には可憐な藤の花の刺繍が施され、光を受けて美しい文様が浮かび上がる。

京人形《きょうにんぎょう》

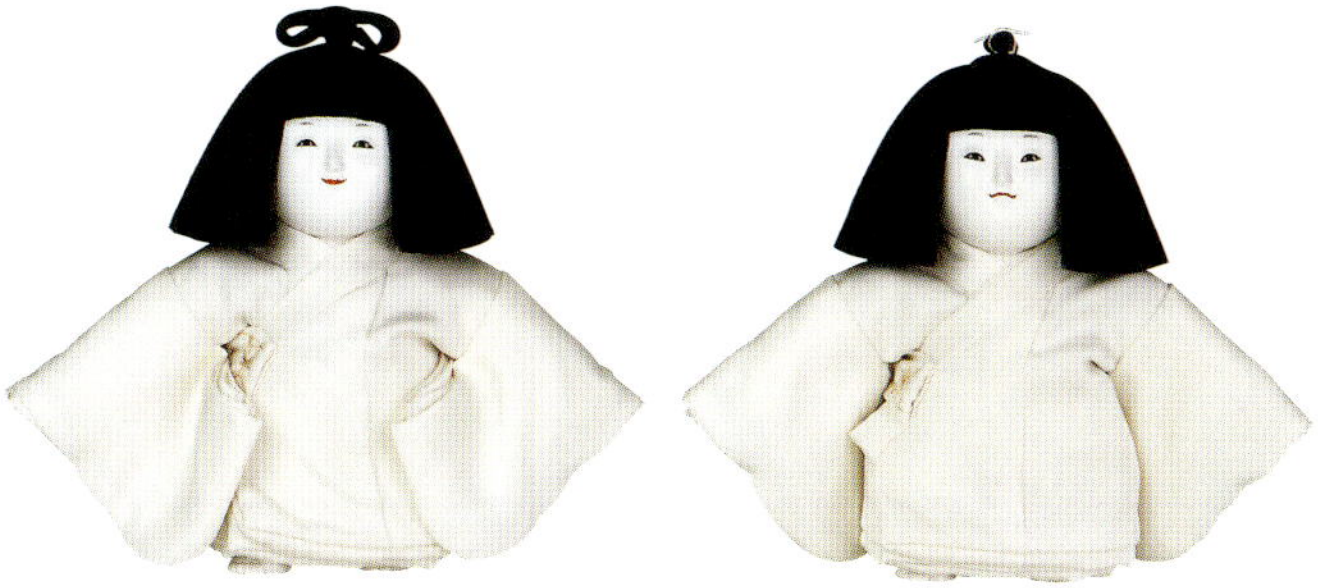

館内に飾られている伊東久重氏作の「煌煌（こうこう）」。

館内に飾られている京人形は雅楽「蘭稜王」（らんりょうおう）の装束をまとった林駒夫氏作の桐塑（とうそ）人形。桐塑とは桐のおが屑と生麸糊を練って作る素材で、雛人形や衣裳人形などの頭部や手足を形作る材料。典麗な雅楽人形が日本の悠久の歴史を伝える。

京繍・錦織

優雅な陰翳を創る京繍と織物

「京繍《きょうぬい》」は、平安時代に「縫部司《ぬいべのつかさ》」と呼ばれる職人組織が内裏に置かれて以来の歴史をつなぐ。しかし、我が国の最古の刺繍「天寿国繍帳」は飛鳥時代の遺例で、奈良時代には大画面の「繍仏《しゅうぶつ》」が製作されていることから、初期の刺繍は主に仏の荘厳の為の加飾法であった。その技が平安期には貴族の衣装に、桃山期には武士の胴服や舞楽装束、江戸時代には庶民の小袖や帯などにも施され、今につながる。点、線、面を表わす主な技法は10数種類で、糸の色、太さ、撚りのかけ方などに微妙な変化をつけて、絵画的な文様を描く。

京都迎賓館の「水明の間」には、京繍を代表する7種の技法で四季の花が施された「四季草花曲水文」の襖がある。襖の裂地「曲水文」は龍村光峯氏制作。施された京繍の匠は、小松二三三氏、周囲に回された軟錦縁の裂は広瀬織物、これら全体の監修は龍村氏が手掛けた。また「藤の間」にしつらえられた几帳の野筋に可憐な藤の花びらを制作したのは樹田紅陽氏。いずれの技も控えめながら構図、配色、繍技の粋が尽くされた日本情趣溢れる作品である。色鮮やかな錦織の作品としては、前述の龍村光峯氏が創作した織額「暈繝段文《うんげんだんもん》」が館内に掲げられている。

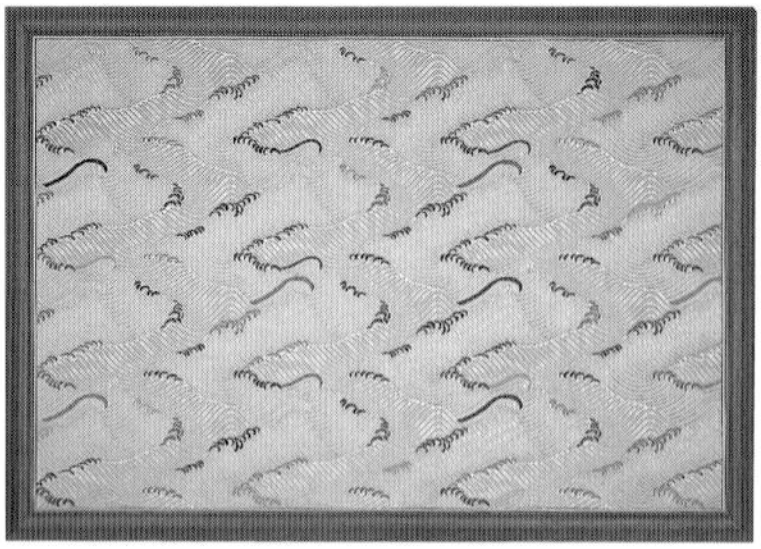
瀬戸のうちうみ(タペストリー)／龍村 光峯

襖や几帳に施された
糸と織の芸術

KYO-NUI/NISHIKIORI

龍村 光峯　たつむら こうほう

１９４６年京都府生まれ。父は二代龍村平蔵。１９９３年伊勢神宮式年遷宮記念「五十鈴川間道」皇太子妃殿下のご婚礼御支度品制作。１９９４年東宮御所納入タペストリーなどを制作する傍ら、名物裂や時代裂などの復元に努める。

小松 二三三　こまつ ふみぞう

１９５１年京都府生まれ。１９７４年西刺繍に入り、現在に至る。１９９７年「京繍」の伝統工芸士に認定。２００１年天皇皇后両陛下への献上品の御奉製。

樹田 紅陽　きだ こうよう

１９４８年京都府生まれ。祖父は初代樹田紅陽。１９７１年京都市立芸術大学西洋画科卒業後、父・国蔵に刺繍師事。１９８７年紅陽襲名。１９９１年「京繍」の伝統工芸士に認定。１９９０〜'98年祇園祭・保昌山刺繍胴掛幕復元制作。

刺繍飾筥／樹田 紅陽

京人形

雅で愛らしい京人形のもてなし

埴輪に起源をもつ人形は、人形《ひとがた》や天児《あまがつ》などの呪術的な意味をもった人形から発達し、歴史と共に愛玩用、観賞用の人形へと移行していった。人形の宝庫と呼ばれる日本には人形の種類が多彩で、素材をざっと挙げるだけでも木彫のほか、土、竹、布、紙、粘土、陶磁器、そして桐塑《とうそ》などがある。御所人形や節句人形などの衣裳人形は主として桐塑人形である。桐塑とは桐のおが屑と生麩糊《しょうふのり》を混ぜて粘土状にした素材で、成形しやすく乾燥すると彫刻も施せる。

京都迎賓館には、館内で微笑む木彫御所人形「煌煌」と雅楽の衣裳をまとった「蘭稜王」が飾られ、小ぶりながら魅力的な京人形が、シンプルな空間にほのぼのとした温もりを醸し出している。「蘭稜王」は人間国宝・林駒夫氏の作。「煌煌」は伊東久重氏が制作した。林駒夫氏は五条大橋の愛らしい牛若丸と弁慶を制作した京人形司13世面庄《めんしょう》のもとで修業した京人形師の巨匠で、伊東氏は祇園祭の稚児人形の修復なども手がける御所人形の第一人者である。

花洛風流／林駒夫

KYO-NINGYOU

人形の温もりは国境を越えて

林 駒夫 はやし こまお

１９３６年京都府生まれ。１９６３年京都府立朱雀高校卒業後、京人形司13世面庄入門。桐塑人形の技術で２００２年重要無形文化財「桐塑人形」保持者（人間国宝）認定。

伊東 久重 いとう ひさしげ

有職御人形司伊東家当主

１９４４年京都府生まれ。同志社大学在学中より祖父に師事。１９７８年12世伊東久重を継承。主な作品収蔵先は皇居、東宮御所、京都御所、京都国立博物館など。

桜子／伊東久重

Column

京都迎賓館のもてなしを さらに豊かにする京都の人・物・事

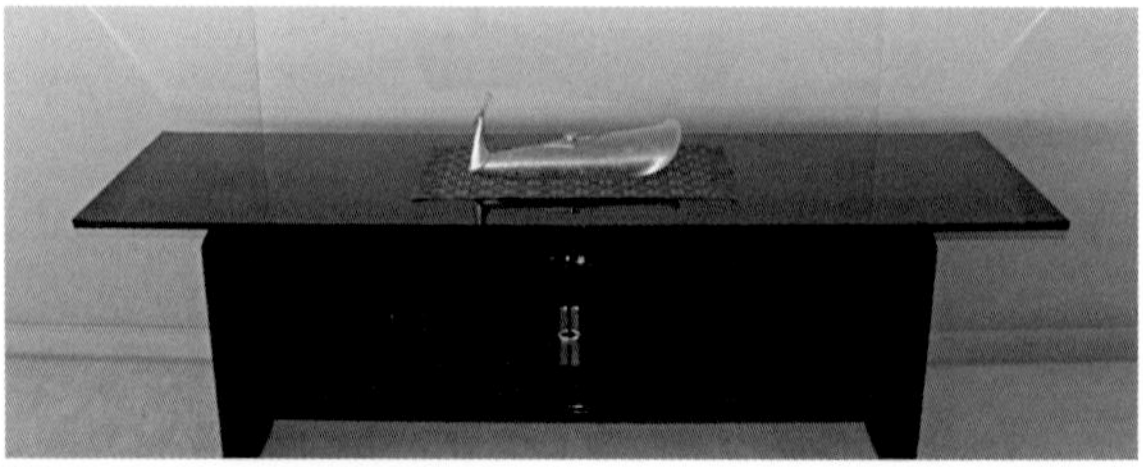

貴賓室の江里佐代子氏の截金が施された飾り台にしつらえた、加藤宗巌氏の「純銀 白孔雀香炉」（京都府立総合資料館所蔵）

聚楽の間にしつらえた堂本印象氏の「百合咲く」（京都府立堂本印象美術館所蔵）

水明の間にしつらえた上村松篁氏の「夕千鳥」（京都市美術館所蔵）

世界の賓客を迎える京都迎賓館では、その時の賓客や季節、あるいは会談の趣旨に合わせて歓待の心を表す芸能やしつらいにも細やかな工夫を凝《こ》らす。

能・狂言など伝統芸能や箏曲などの邦楽、舞妓・芸妓の踊りや唄はレセプションを盛り上げ、茶や花など伝統芸道は、温かで穏やかな日本のホスピタリティーの心を伝える。そして軸、絵画、工芸品のさまざまが賓客たちの目を愉ませるだけでなく、世界の国々の文化を尊び、守り伝える意味を静かに語りかける。

こうしたもてなしのコンテンツをさらにふくよかにするのは京都の人・物・事。京都府・京都市の美術館・博物館、芸能の家や花街など多くの人や機関の協力により、京都迎賓館のもてなしは支えられている。

京のもてなし、その伝統をいまに

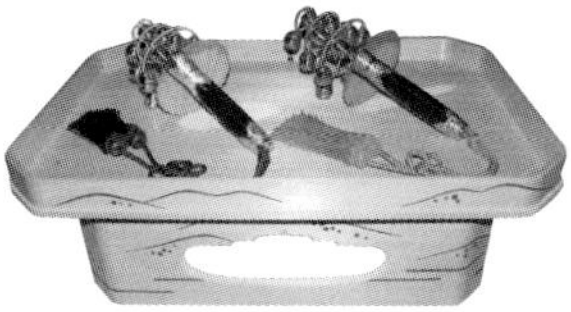

多彩で洗練されたもてなしの伝統が息づく京都。
神を楽しませ、神と人が共に宴《うたげ》する祭事。
仏や先祖の霊をねんごろに慰める法会や供養。
あるいは、貴族が催した典雅な遊びや歌や香など「物合《ものあわせ》」の遊技。
そして、茶の湯における一《いち》期《ご》一《いち》会《え》の心。
これら、もてなしの技や規矩《きく》こそ日本の美しい文化。
京都迎賓館にも、その精神や形が息づいています。

祭

神にマツラウ

まずは歓待
心ほぐす芸能
そして交流。
祭りが伝える
もてなしの礼

祭りは、神をもてなす為に行われる行事。国家的祭礼から集落の祭りなど規模はさまざまですが、米や山海の幸を献じ、神楽《かぐら》などの芸能を奉じ、時には乙女を捧げて神婚を祝い、あるいは美しい童子

「御禊（ぎょけい）の儀」。神に仕える斎王代が禊（みそぎ）をし、清浄潔白となって神を待つ儀式。斎王代は神の花嫁でもある。

を侍らせ、神を和ませ鎮めるのです。酒肴《しゅこう》や芸能、種々の懸装品で飾り立て、サービス、エンターテイメント、ホスピタリティーの限りを尽くして神の降臨を歓待し、その御心をうかがい、啓示を聞いて生活や生産の道しるべとしたのが日本の祭りの大方の姿。神の霊威に与《あずか》るための儀式で、前儀や後儀に占いや競技が行われるのも、神意をうかがうためなのです。

　京都には多彩な祭りがありますが、祭りの代名詞でもあった「葵祭」は上賀茂、下鴨両社で行われる国家的神事で、天皇の使者である勅使が神に幣物を捧げ、未婚の内親王が神に「マツラウ」、つまり傅《かしず》き、服属する儀式。この「マツラウ」という行為がマツリの語源とも言われています。

　また、下鴨神社では祭りに先立ち、神の御魂《みたま》を比叡山麓の御蔭《みかげ》神社から本殿に迎えます。この秘儀が「御蔭祭」で、神霊を櫃《ひつ》に移して山を下り、神を神馬の背に乗せて本殿に迎えるのですが、その前に糺の森で典雅な舞楽「東遊《あずまあそび》」を奉じて神を讃えます。先ずは、芸能での歓迎です。神馬幄《しんめあく》から神馬が顔だけ出して、楽人たちの舞を観賞するというこの舞楽は神を楽しませるエンターテイメント。人の為ではないのです。

　その後、神と人が飲食を共にする宴が「直会《なおらい》」で、神のお相伴に与り、人もまた、互いにもてなし、もてなされ、交流を深めます。

右頁／「御蔭祭」は葵祭に先立ち神霊を御蔭神社から馬の背に移して本殿に迎える下鴨神社の神事。糺の森では神を歓迎し、讃える「東遊（あずまあそび）」が舞われる。神は馬の背におられるため、舞人は馬に向かって歌い、舞う。

法要
仏を供養する

仏を迎え、送るまでの心づくしのさまざま

仏へのもてなしは仏像や仏壇を浄《きよ》め、美しく飾る「荘厳」と供物を捧げその霊を養う「供養」で、様式や仏具もさまざまですが、香、花、燈明の三つは必須で、その道具が香炉、花瓶《けびょう》、燭台です。「三具足《みつぐそく》」と呼ばれるこの三つの仏具が寺院でも家々の仏壇でも欠かせない道具です。

仏は、寺院では釈迦や阿弥陀などの本尊であり、一般の家では先祖の霊でもあります。宗派や家によってもてなしのマナーはさまざまですが、香、花、燈明を献じ、餅や菓子、果物などの供物を供え、読経によって仏の御霊を慰めます。

家々での最大行事は「盂蘭盆会《うらぼんえ》」。八月十二日か十三日、それぞれの家では先祖の霊を迎えるために小さな膳や提灯、蓮の葉に盛った野菜や果物などを支度して先祖霊を迎えます。そして、御霊《みたま》が浄土へ帰るという十六日まで朝晩、精進料理を作って仏壇に供え、三時には「けんずい」と呼ばれる果物や菓子、そうめんなど故人の好物のおやつも供えて、たっぷりとくつろいでもらうのです。そして十六日は、五山の送り火。彼岸までの道しるべとして五つの山に火を焚いて、先祖の霊を浄土へと見送るのです。

京都の暮らしに根付いた仏への接遇マナーもまた、生活文化の伝統。「もてなし上手」と言われる京都の、客を迎え、送るまでの細やかな心づくしのさまざまは、こうして蓄積されてきたのかもしれません。

「三具足」。仏へのもてなしに不可欠の香、花、燈明の道具、香炉、花瓶、燭台。

遊宴 貴人を遊ばせる

心うちとける遊び
センス、教養は、深く豊かな
交わりの前奏曲

神仏のもてなしの様式を人のためにアレンジしたのは平安時代の貴族たち。たとえば神に奉じた神《か》楽《ぐら》は、天皇はじめ、貴族たちが楽しむ「雅楽」や「催馬楽《さいばら》」などの芸能に、仏のために焚いた香は、貴族自身の身だしなみや教養の小道具として衣装に焚きしめ、室内に燻《くゆ》らせる薫香《くんこう》へとアレンジされていきます。花もまた、瓶に挿したり手折って手紙に添えたりして神仏のためではなく装いや人を歓ばせ、楽しませる演出道具として活用されていきます。香では、幾種類もの香木を調合し、香りの優劣を競う「薫物《たきもの》合わせ」というゲームも生まれるなど、饗宴を盛り上げるさまざまなもてなし文化が成熟していきます。

　そんなゲームの一つを古式ゆかしく伝えているのが「曲水の宴」。苑内の遣水《やりみず》の畔《ほとり》に狩衣《かりぎぬ》や小袿《こうちぎ》姿の歌人が間隔を開けて座り、羽觴《うしょう》と呼ばれる盃が自分の前に来るまで

王朝人の典雅なガーデンパーティー「曲水の宴」。遣り水を流れる羽觴（うしょう）が流れ着くまでに歌を詠むという競技でもてなしの座興である。

竜頭鷁首の舟を浮かべて詩歌を詠み、管弦の音曲の中、月を愛でる舟遊びもまた壮麗典雅な日本のエンターテイメントである。

に歌を詠むという風雅なガーデンパーティーが毎年春と秋に鳥羽《とば》城南宮で行われます。また、竜頭《りゅうとう》鷁首《げきす》の舟を池に浮かべて、詩や歌を詠み、管弦を奏でて花鳥風月を愛でるという王朝人の遊興の情景は嵯峨大覚寺の「観月祭」が伝えています。

花を生け、香を焚き、料理を調え、音曲《おんぎょく》や競技で興を盛り上げ、歌を詠み合うこれらもてなしのメニューは、人と人が心うち解け、交流を深めるための心配り。古い先人たちの遊び心や教養、豊かなセンスは、日本が誇るもてなしの伝統で、より深く、より豊かな交わりのための前奏曲でもあるのです。

茶の湯

主客が一如となる

ホストがサービスをする。世界でも類い希な日本のもてなし

茶の湯では亭主（ホスト）自ら給仕をする。和と敬いの心を振る舞いで表わすこのもてなし方は世界でも希である。

京都は、洗練された接遇の礼が育まれた地ですが、そんな歴史の上に花開いたのが室町時代に起こった「茶の湯」。平安時代に貴族たちが催した贄《ぜい》を限りの「大饗《だいきょう》」や管弦の舟遊びでもなく、宋よりの舶載品で荘厳した「書院の茶」や食べきれないほどの「本膳料理」での接遇でもなく、むしろ、僧院の食事を規範とした一汁三菜の質素な食事とただ一碗の茶に「一期一会」のもてなしの心を込めようとしました。つまり、もてなしの精神を際だたせるために、モノは究極まで簡素化されたのです。

　京都迎賓館ではこの精神を踏襲し、簡潔な数寄屋造や四季のめぐりを歓び合える庭園などで賓客をもてなします。そして茶の湯で最も重視されるのはホスト自ら行うサービス。利休はこれを

振る舞いはごまめの汁にえびなます
亭主給仕をすればすむなり

と言ったそうです。粗末な食事でも亭主自ら心を込めて給仕することが何よりの敬意であり、人と人の和の基本だとの教えです。茶の湯では、亭主自ら花を生け、香を焚き、食事の給仕をし、茶を点てて客をもてなします。自ら敬いの心を伝えるのは、主客が一如の境地となるための礼であり作法。宴の主催者自ら給仕をするというのは、世界でも希なもてなし法だそうですが、この精神こそ、世界の賓客を迎え、主客一如となる京都迎賓館の底辺に流れるもてなしの心なのかもしれません。

もてなしの芸能 能

インタビュー

能 金剛流二十六世宗家

金剛 永謹 氏

能『嵐山』。吉野の桜（実は桜の神）が嵐山に咲き、国家安泰、衆生済度を誓うというめでたい能が、京都迎賓館のオープニングの宴で舞われた。

京都迎賓館は、平成17年3月に完成。その開館披露式典には小泉首相をはじめ、多くの賓客や関係者が京都に集い、京都迎賓館の完成を祝った。この日、列席の人々に祝儀のお能で賓客をもてなした金剛流宗家・金剛永謹氏に、芸能におけるもてなしについてうかがった。

桜の神が国家安泰、衆生済度を誓う能を舞いました。

——京都迎賓館のオープニングの披露式典で、宗家は祝儀のお能を舞われたそうですね。舞台に立たれたご感想は？

祝賀会は「藤の間」で行われ、小泉首相、衆参両院議長、最高裁判所の長官という日本の三権の長がお揃いになっただけでなく、京都迎賓館建設のために奮闘された匠や作家の方々もお揃いでした。顔ぶれも豪華な宴でした。

京都迎賓館の舞台は、能舞台ではなく、どんな芸能でもできることを条件に、昇降装置のある一般的な舞台で、地下に楽屋があります。能の場合、楽屋から鏡の間、そして舞台へと同レベルですーっと出て行くのですが、上下に移動しますので、通常の動きとは少し違ってきます。

京都迎賓館の舞台で最初に舞わせていただいたことは光栄に思っています。木が新しかったせいか足の滑りがよく、その点を注意して『嵐山』を舞いました。ちょうど桜の頃でもあり、桜の神（蔵王権現）が国家安泰、衆生済度を誓ってめでたく春を寿ぐ舞で、あの場にぴったりの曲だったと思っています。

日本の芸能のほとんどは、神仏へのもてなしなのです。

——能などの芸能はもともと、神仏を喜ばせる、つまり、もてなすためのものだったのですか？　祭りでも神楽などは神に見せるためのものですね。

神楽や能だけでなく、日本の古い芸能はほとんどそうですね。もてなすのは神や仏で、人はそれをお相伴して見るという…。ですから、たいていの芸能は神社や寺院から生まれてきていますね。能もまた、神仏への奉納から出発していますが、室町時代に足利義満の庇護の下、将軍をもてなす芸能となっていきます。将軍の家来たちはそれにお相伴するだけという。その頃は、農民などの一般の人々には縁遠いものになっていたのですが、世阿弥はこれについて「衆人愛敬《しゅうじんあいぎょう》をもって一座建立の寿福とせり」と言っています。つまり、将軍を満足させるほど質の高い芸が必要ではあるが、そこにいる誰もが楽しみ、面白いと感じてもらえるような芸をもって、その場を盛り上げないといけないと。これは、大変難しいことですが、能だけでなく芸能におけるもてなしの基本理念ではないでしょうか。「分かる人だけ分かればいい」というのではなく、それぞれの人に何かしらの感動を与えるような芸能を私も目指しています。観客はそれぞれの心や感受性で感動したり面白がったりしてくださる。世阿弥はそのことを「人人心心《にんにんこころごころ》の花」と言っています。感動し、面白いと思うところ、つまり花は、一人一人違うということですね。しかも誰もに愛される芸能であれと…。究極のエンターテイメントですね。

「衆人愛敬」の精神で日本のもてなし文化を世界へ

――「衆人愛敬」は、すべてのもてなしに通じますね。おもてなし上手なまちと言われる京都ですが、一方で敷居が高いと思われていることも否めませんが…。

たしかに、そのようなお店も中にはありますね。世界の賓客をもてなすまちとなった京都ですが、賓客だけでなく誰にでも喜んでもらえるまちになることが「衆人愛敬」の精神ですね。しかも、京都はただの観光だけでなく、日本文化の本物が至る所に残り、今も息づいていますから、面白いとか楽しいだけでなく、深く心に残るような知的な興奮を覚えるまちでもあります。それが京都の魅力なのですから、もてなす方も常に質の高い文化を発信していかないといけませんね。「分かる人だけ分かればいい」というスタンスではなく、修学旅行生にとってもお年寄りにとっても、男性でも女性でもそれぞれの人がそれぞれの心や感受性で京都の魅力を感じ取ってもらえれば、それこそ「人人心心の花」。もてなす側にとってはなかなか難しいことですが、そうして努力したり工夫したりすることが、京都がさらに洗練され、世界に認められていくことにつながると思っています。

こんごう ひさのり　金剛流シテ方26世宗家
1951年京都生まれ。父、25世宗家金剛巌に師事し、1998年金剛流宗家を継承。財団法人金剛能楽堂財団理事長。社団法人日本能楽会常務理事。著書に『金剛家の面』。

京都迎賓館　設計・施工・工事関係一覧

所在地　京都市上京区京都御苑23
主用途　迎賓館
建　主　内閣府

〔関係諸会議〕

建設懇談会（最高諮問機関）内閣主催
座長／伊藤善市　委員／上平貢　内井昭蔵
小玉正任　中村昌生　西田誠哉　守屋秀夫
渡辺貴介

伝統的技能活用委員会
委員長／中村昌生　委員／尼崎博正
上平貢　河田貞

調度備品有識者会議
委員長／中村昌生　委員／上平貢　内山武夫
河田貞

環境委員会
委員長／木幡欣一　委員／柿澤亮三
下村彰男　永吉照人　渡辺貴介

〔設　計〕

設計　日建設計
設計監修　国土交通大臣官房官庁営繕部
建築　日建設計　担当／中村光男　佐藤義信
村井達也　井上幸江　勅使河原幹夫
酒井絵美　犬飼良一
庭園　日建設計　担当／三谷康彦
構造　日建設計　担当／加賀美安夫　杉浦盛基
設備　日建設計　担当／深井学　中島勝美
家具　日建スペースデザイン
担当／浦一也　井上順一郎　森本真
光環境計画
ライティング・プランナーズ・アソシエーツ
担当／澤田隆一　早川亜紀
照明（会談・貴賓室・回廊行灯・前庭行灯）
担当／川上喜三郎

監理　国土交通省京都営繕事務所
日建設計　担当／石上智章　山崎淳
落合誠　仲野剛　伊藤正

〔施　工〕

建築
大林・竹中・鹿島　特定建設工事共同企業体
担当／大林組：水本豊弘　東谷昌次
寺島秀一　役谷博　江藤達朗　渡辺雄二
金子徹　岩垂誠　橋田繁文　鈴木功
虎谷伸幸　山田茂文　松下年雄　神長敬
田島照子　中村心　米田豊和　江田宗弘
中野祐子　橋本真由子　二俣英男　大角昌彦
竹中工務店：斎藤和男　石井肇　梅田洋介
久田裕司　原正治
鹿島建設：村社敏　中村正美　梶原哲也

空調・衛生
新菱・協和特定建設工事共同企業体
担当／奥野信次郎　大場金蔵　米澤仁志
井上富彦　末藤隆浩　吉岡雅章　玉田洋
植田貴夫　百田茂　甲斐健二　大塚等
大野翼

電気
きんでん・東光特定建設工事共同企業体
担当／尾松重利　國谷謙次　森本敏浩
木下美浩　松川力　藤井圭　小林薫
中村光彦　仙石泰之　水名口幸男
平野義則　北村和勝　村上斎　塩本力
辻子正和　佐野裕香

〔工事関係〕

土工事
壷山建設　担当／河田茂雄
チョウビ工業　担当／安井清　長尾行将

地盤改良工事
エステック

アンカー工事
アンカーサービス

鳶土工
山岡建設　担当／折尾康隆　平信昭
名和組　担当／名和敏男　福田国昭
山本邦博

生コンデリバリー
長尾組

雑鍛冶工事
豊友興業
大谷工業所　担当／川崎勝
嶋津工業　担当／牧瀬幸二

鋼管杭工事
ファンテック　担当／森本智久　桐村正和
旭化成建材　担当／山本雅弘　小宅正躬

切梁・材料
川商ジェスコ　担当／大田哲三

切梁
大三　担当／中野雅人　石澤功栄

親杭打設
村井建設　担当／村瀬章
成幸工業　担当／片山信夫

型枠工事
山本組　担当／長谷川英雄　岩崎広志
ダイフジ建設　担当／佐藤徳昭　笹本和美
中建　担当／的場亮二　坂元光浩

鉄筋工事
ヤマシタ　担当／坂口利一　寺地慶造
富田興業　担当／南宣宏
田村工業　担当／谷垣賢

鉄骨工事
山城鉄工　担当／戸川慎一

スタッドボルト工事
嶋津工業

圧接超音波検査
非破壊検査

PC版
日本カイザー
東海コンクリート工業

アスロック・発泡ウレタン
高成産業

防水工事
大協建材　担当／三橋一弘
神原商店　担当／村上芳茂
高山工業　担当／審和志
東光商会

石工事
矢橋大理石　担当／三輪勝美
関ヶ原石材　担当／二木重憲　成松繁
田村成利
岩崎大理石
中村石材工業　担当／島田孝次　中村忠
吉村建設工業　担当／鈴木邦勇
サンセキ　担当／前田晃一　道枝浩二
北村剛

タイル工事
平田タイル　担当／嶋村宏明
ＩＮＡＸ

木工事
内外テクノス　担当／山下忠男　永尾仁志
伊藤久利
髙島屋スペースクリエイツ　担当／西村春二
藤野稔巳　畑勇作
筑紫　担当／上堀信彦
宮崎木材工業　担当／松塚博則

三越　担当／黒澤賢次郎　内本和彦
大丸装工　担当／大野納男
安井杢工務店

化学修飾木材

キッチンハウス
大建工業

屋根工事

淀川製鋼所　担当／清水雅広　鳴海昌史
熊谷宏志
元旦ビューティ工業　担当／竹内真範
北川桂一
田島物産　担当／岩崎護　三戸昇
京都府板金工業組合　担当／斉木喜三郎

樋工事

ウエダ　担当／上田博之　宮嶋徹

瓦製作

丸栄陶業

瓦葺

京都瓦工事共同組合　担当／佐野弘明

グレーチング類

伯洋産業
福西鋳物

金属工事

キョーセイ　担当／高橋勲夫

三重工業　担当／米田秀行　木戸口重夫

簾・手摺・柵

山本金属製作所　担当／山口国夫　松本浩司
中央ステンレス　担当／井上哲　牧原秀起

エキスパンション・ジョイント

ウエダ

軽量建具・SH

三和シャッター工業　担当／山東壮史

一般鋼製建具

東洋シャッター　担当／泉池吉宣

回廊回り鋼製建具

YKK　AP　担当／織田隆志

アルミ建具

不二サッシ　担当／石坂法行

ステンレス建具

テクノ・ナミケン　担当／満越功

ブロンズ建具

紅雲工業　担当／桜井新也　平井芳樹

建築金物

ユニオン　担当／木内保博

エンジン装置

ナブコドア　担当／岡田桂吾

ガラス

柏商会

まねきや硝子

左官工事

イスルギ　担当／米田剛　西村征志
浪花組　担当／栗田好次

塗装工事

鈴木興業　担当／宇野弘治
カナザワ技建
野村塗装

内装インテリア工事

典世商事　担当／井ノ元宗範

軽鉄・ボード

オクジュー　担当／中村昌裕
勝森産業
近畿建工

グラスウール系

アイエスエンジニアリング

内装（段通）

オリエンタルカーペット　担当／日下部育男
住江織物　担当／中島宗人

OAフロア・コーナーガード

ナカ工業　担当／木下祐一

内装（壁仕上げ・綴壁画）

川島織物　担当／明石文雄　高田晉
沢野井裕文　高橋政博

龍村美術織物　担当／白井進　岡崎秀彦
長谷川雄三

内装材・バスタブ
東陶機器

塗料
大谷塗料

光天井工事
エービーシー商会　担当／下飼手久勝
松下電工　担当／武内邦夫

サイン工事
タウンアート　担当／富樫和由　田中孝樹

舞台機構設備他
三精輸送機　担当／黒田和臣　高橋秀明

煙突工事
フジモリ産業　担当／高橋秀典　山下啓

士

椅子立体収納庫工事
岡村製作所　担当／佐藤一　佐倉光春

収蔵庫内装工事
イトーキ　担当／布屋晴彦　井戸川聡

可動間仕切り工事
小松ウォール工業

EV設備工事
三菱電機　担当／五百木義勝

ボラード工事
英田エンジニアリング　担当／黒瀬静真
杉本寛樹

外構工事
大林道路　担当／丸山大輔　高田公康
安井定司

簾
平田翠簾商店　担当／平田佳男

唐紙
唐長　担当／千田聖二
キシモト（大阪・からかみ屋）
担当／八上幸正　本城武男

美濃紙
澤村正

家具
ミネルバ
内外テクノス　担当／須内正實
宮崎木材工業　担当／高比良雅書
山本金属製作所　担当／大知一也
三越　担当／仲井克明
高島屋スペースクリエイツ　担当／森岡基信
天童木工

食器類
大倉陶園　担当／今井和夫
ニッコー
ノリタケテーブルウェアー

宿泊室スタンド照明
ヤマギワ

〔調査・試験・記録〕

測量・試験
東京ソイルリサーチ　担当／原口慎一
南坂貴彦

暴露試験
建材試験センター中央研究所
日本建築総合研究所

写真
村井修
ナトリ光房
松竹映画社

設計期間
１９９６年10月～２００１年３月
施行期間
２００１年11月契約
２００２年３月～２００５年３月

京都迎賓館アクセス —— ACCESS

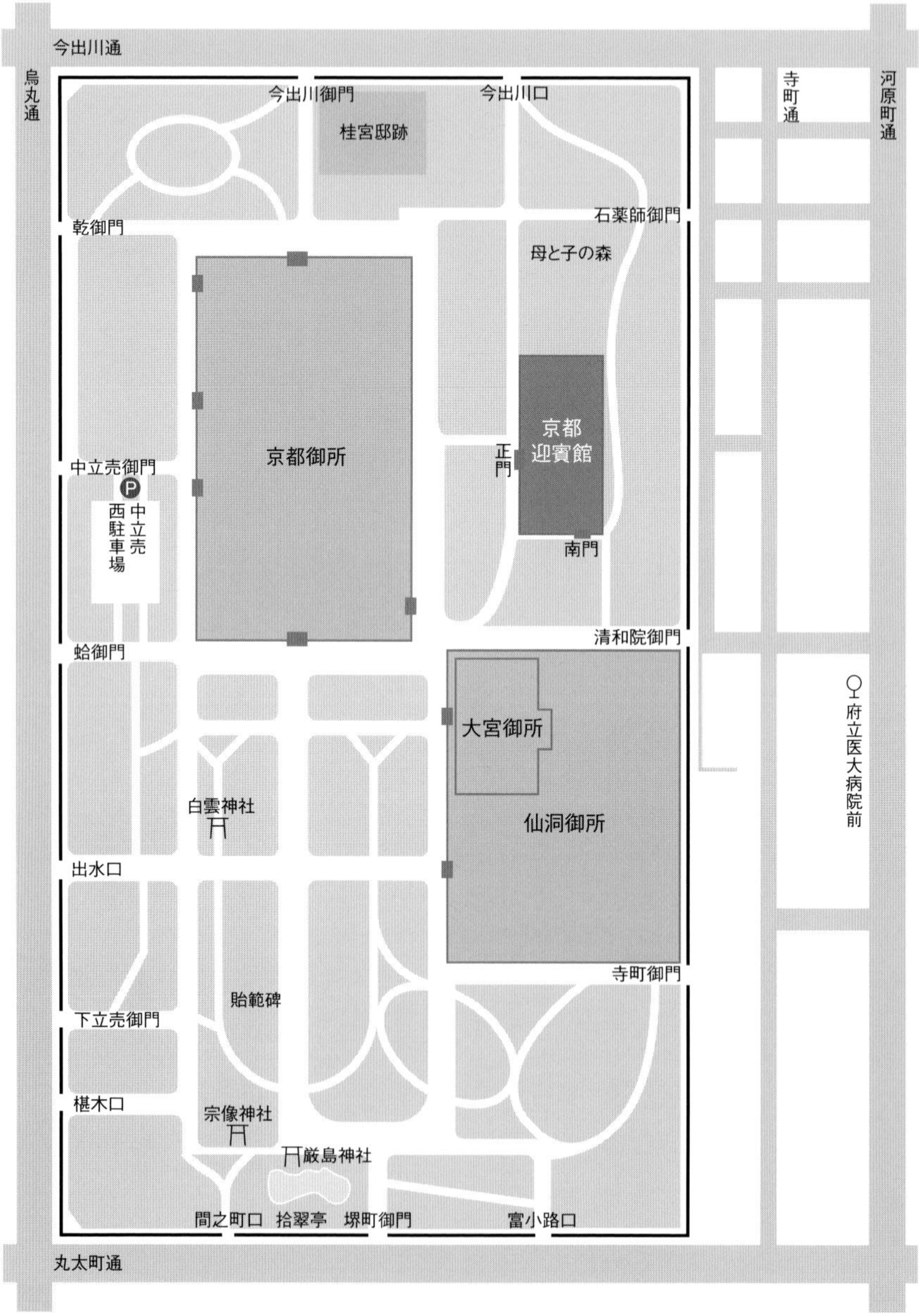

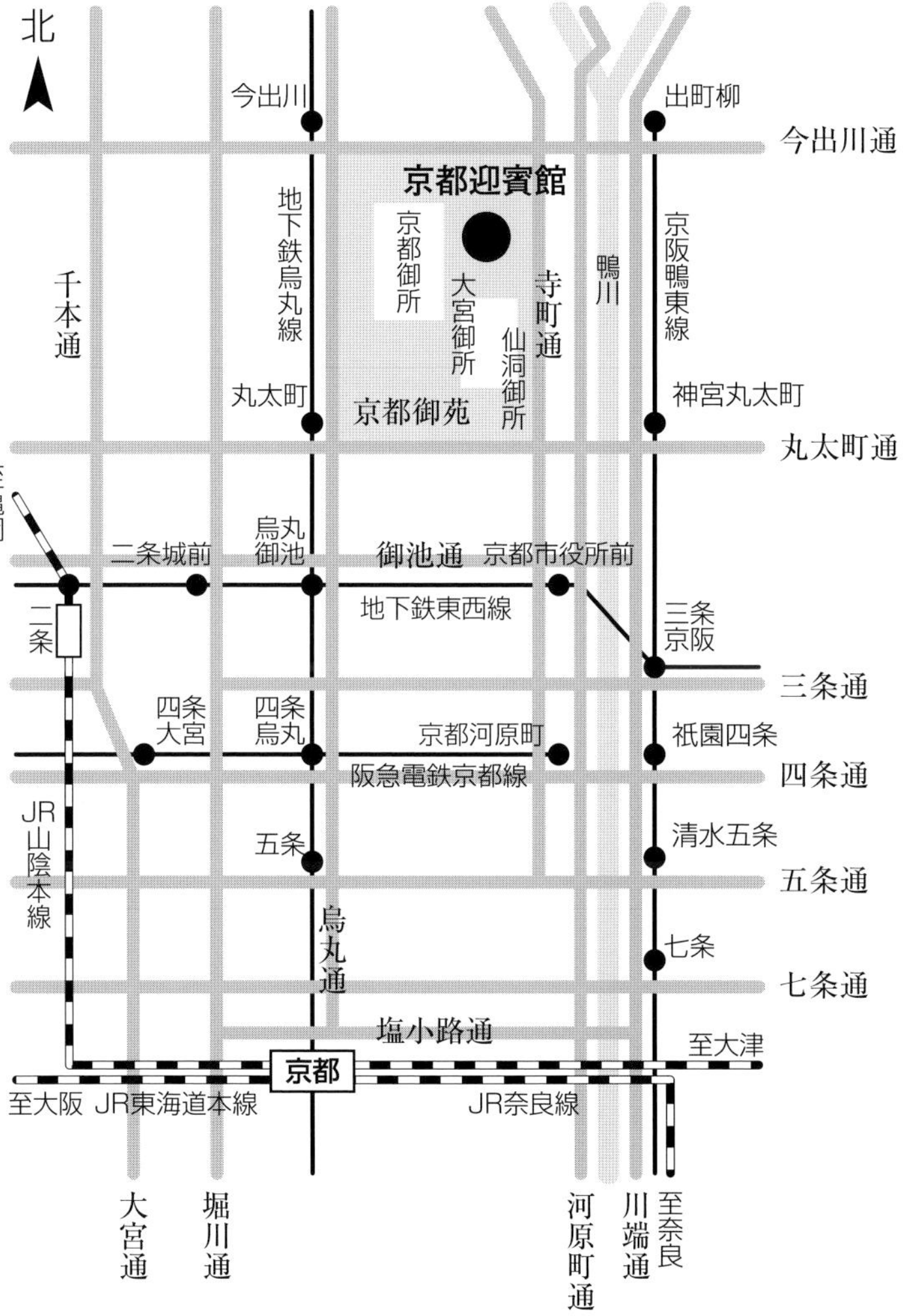

京都迎賓館までの交通アクセス

◆京都市営地下鉄

烏丸線「今出川」駅下車　徒歩15分

◆京阪電鉄

鴨東線「出町柳」駅下車　徒歩15分

◆バス

「府立医大病院前」下車　徒歩5分

◆車

JR京都駅より25分

名神高速道・京都南I.Cより35分

国立京都国際会館より15分

伊丹空港より70分

関西国際空港より１２０分

※所要時間は目安です。
交通事情などにより異なります。

写真協力

迎賓館京都事務所
金剛能楽堂
柴田 明蘭
田畑 みなお
中田 昭
宮野 正喜
（50音順、敬称略）

いけばな協力

京都いけばな協会

京都迎賓館

現代和風と京の匠の調和《ハーモニー》

平成18年8月16日 初版発行
令和3年11月12日 8版発行

監 修 迎賓館京都事務所
制作協力 京都文化交流コンベンションビューロー
発行者 納屋嘉人
発行所 株式会社 淡交社
〔本社〕京都市北区堀川通鞍馬口上ル
〒603-8588
営業 075（432）5156
編集 075（432）5161
〔支社〕東京都新宿区市谷柳町39-1
〒162-0061
営業 03（5269）7941
編集 03（5269）1691

印刷・製本 図書印刷株式会社

www.tankosha.co.jp ISBN978-4-473-03322-2